Les guides pratiques du français d'aujourd'hui

Collection dirigée par
Robert Sctrick et Claude Aziza

COMMENT CORRIGER VOS FAUTES DE FRANÇAIS

50 exercices
pour contrôler et améliorer
votre français

Presses Pocket

Les guides pratiques
du français d'aujourd'hui

Collection dirigée par R. Sctrick et C. Aziza

- Écrire, parler : les 100 difficultés du français
- Dictionnaire orthographique
- Comment corriger vos fautes de français

© Presses Pocket, 1983.
ISBN 2-266-01260-6

AVERTISSEMENT

Donner à chacun la possibilité de contrôler la langue qu'il emploie, tel est le but que se propose ce modeste ouvrage : modeste par ses dimensions, il l'est aussi par rapport à ses objectifs. Écrire une langue correcte, en effet, ne se définit pas comme l'imitation des grands écrivains, et encore moins comme l'analyse de leurs procédés ; cela leur appartient en propre. Ce qui est du patrimoine, c'est l'outil dont nous nous servons pour communiquer, oralement ou par écrit, et cet outil ne remplirait pas sa fonction s'il devenait trop émoussé, ou incapable de porter le message d'un point à un autre dans ce petit univers en raccourci qu'est la conversation. Si ce qui s'entend pouvait se transcrire tel quel, même la lettre utiliserait ces procédés : de fait, l'écriture obéit à d'autres règles, plus faites pour la vue, et pour l'espace, que pour le temps, et l'oreille. De là vient parfois cette distorsion, qui ne va pas sans problème, entre deux organisations différentes : dirait-on de quelque chose « s'écrit comme il se prononce » si c'était la règle, et non l'exception ? Et le dirait-on s'il n'y avait quelqu'un pour se poser la question, sachant bien qu'il y a de maigres chances pour qu'il en aille ainsi ?

Le lecteur aura reconnu, si d'aventure il l'a parcouru, le fil qui guide, dans cette même collection, l'exposé synthétique et pratique des « Cent difficultés de la langue » ramassées sous le titre *Écrire, parler*. Ici, on a voulu illustrer cinquante de ces problèmes, ceux qui tournent autour de notre comportement de producteurs de parole, et de parole écrite aussi bien. On l'a fait sous la forme d'une évaluation aussi peu scolaire que possible, les grammaires d'ordinaire se perdant dans les recoins qui n'intéressent pas toujours le français quotidien. Quelques « récréations » viennent agrémenter l'ensemble. Il était certes malaisé d'adapter aux besoins de chacun la teneur d'un tel ouvrage, aux prétentions si réduites : beaucoup trouveront certains rappels inutiles mais il ne faut pas perdre de vue le fait que tout, dans la langue, se tient, des bases jusqu'au sommet.

Tel quel, nous espérons que ce petit recueil pourra divertir et offrir du même coup les moyens d'une sorte de contrôle de son savoir.

CONSEILS D'UTILISATION

■ *Cet ouvrage comporte deux parties. Dans la première sont présentés* **50 jeux** *ou* **tests** *qui abordent des points particuliers de la langue française sur lesquels des fautes sont le plus fréquemment commises par les francophones. La deuxième partie est constituée par les* **corrigés** *de ces exercices.*

■ *Voici une méthode qui ne se lit pas d'un trait. Les exercices n'y sont pas présentés dans un ordre logique mais dans un ordre alphabétique. Ce qui laisse au lecteur le loisir de procéder de la manière et au rythme qui lui conviendront. Il pourra, pour cela, s'aider du Sommaire (p. 6), qui énumère les cinquante problèmes. Après chaque test, conçu pour être fait en quelques minutes, on se reportera au corrigé. Test et correction ne devraient pas prendre plus d'une demi-heure.*

■ *Les tests permettent donc de contrôler les connaissances mais si des points de langue restent mal compris du lecteur, celui-ci pourra se reporter à* Écrire, parler *et au* Dictionnaire orthographique, *parus dans la même collection.*

■ *Tout au long de l'ouvrage des symboles — les mêmes que ceux utilisés dans* Écrire, parler *— permettent d'apprécier le niveau de langue d'une phrase, d'une tournure, d'une expression, selon qu'elle est propre à l'oral, réservée à la langue écrite, que sa formulation est trop recherchée ou, au contraire, prohibée parce qu'elle choque exagérément les usages. (Guide des symboles p. 8.)*

■ *Cette méthode rendra de grands services, de façon à la fois amusante et instructive, aux nombreux étrangers qui apprennent le français, aux parents désireux d'entraîner leur enfant sur telle ou telle question de grammaire, et plus généralement à tous les lecteurs — et ils sont nombreux — qui sont friands de problèmes de langue.*

SOMMAIRE

Exercices

GUIDE DES SYMBOLES UTILISÉS

☎ : un téléphone précédant un exemple si-
gnale que la phrase ou l'expression sont
typiques de l'oral et ne seraient guère
déchiffrables à l'écrit.

✒ : une plume accompagne des formula-
tions qui devraient normalement être ré-
servées à l'écrit et à son code spécifique
sous peine d'être considérées comme
affectées ou gauches.

🏆 : des palmes peuvent mettre en garde
l'usager de la langue contre des tournures trop soutenues, recherchées ou désuètes, « académiques » en un mot.

✂: une paire de ciseaux « censure » une
tournure qui viole trop manifestement
les usages actuels et contrarie plus ou
moins la finalité de l'échange.

1 - **ABRÉVIATIONS**

Comment transcrirez-vous ces phrases en utilisant un maximum d'abréviations permises ?

1. C'est la deuxième année que Monsieur Martin est mon voisin.

2. La concierge est au troisième étage.

3. Le prince héritier pesait, à la naissance, trois kilogrammes et deux cent dix-sept grammes.

4. Le docteur Noël venait à moi :
   — Bonjour, Docteur ! Comment allez-vous ? lui ai-je demandé.
   — Mais ce serait à moi, cher maître, à vous poser la question ! rétorqua ce brave docteur Noël.

5. Son Altesse Royale Baudouin premier, roi de Belgique, vous prie d'excuser son retard. Son Altesse Royale est bien bonne.

6. Le souverain pontife leur donna sa bénédiction.

7. Mademoiselle Rose est maniaque ; sur sa porte on peut lire : Essuyez vos pieds, s'il vous plaît, et sachez que je ne réponds qu'au second coup de sonnette.

Abrégeons le latin

On les lit souvent : on ignore parfois d'où elles sont tirées. Voici les mots latins à partir desquels elles sont fabriquées. Retrouvez ces abréviations :

Expressions latines	Abréviations		
Ad libitum		Post-scriptum	
Et cetera		id est	
Confer		ibidem	
Nota bene			

Corrigé p. 80.

2 - **ACCENTS**

Voici des mots en vrac, dépouillés de leurs accents. Remettez-les leur, qu'ils soient aigus, graves, circonflexes ou qu'il s'agisse de trémas.

De 1 à 10.
evenement
avenement
nous cederons
dejeuner
pelerinage
ça et la
ça va
idiome
j'ai du
grace !

De 11 à 20.
pole
gracieux !
poele
vraiment
chapitre
operation
patisserie
croitre
crument
bateau.

De 21 à 30.
moelle
zone
traitre
fantome
gnome
entrainer
fraiche
chaine
boiteux
allegement.

De 31 à 40.
toit
cime
connaitre
aigue . . . .
extreme
extremite
assener
allegrement
coteau
pecheur (de
poissons).

De 41 à 50.
psychiatre
faire le jeune
(pendant le
ramadan)
cigue
boite
naive
huitre
Noel
reperage
palir
chomage.

De 51 à 60.
il cree
hopital
quete
acceder
acces
precisement
bien sur
mystere
naitre
naissance.

Où mettrez-vous les accents circonflexes ?

61. Ce que vous avez **cru** bon de faire.
62. C'est bien une expression de son **cru** !
63. Préférez-vous les grands **crus** de Bordeaux ou ceux de Bourgogne ?
64. Cette plante a **cru** à une rapidité remarquable.
65. Elle monte toujours son cheval à **cru**.
66. J'ai **du** monter deux fois chez elle hier, car son téléphone était en panne.

67. Ceci est ton **du**.
68. Postez-le en port **du**.
69. Chose promise, chose **due**.
70. Ces droits d'auteur lui sont **dus**.

Corrigé p. 80.

3 - **ACCORDS**

Ces mots qui nous font souvent hésiter...

ÊTRE au singulier ou au pluriel ? (temps : présent)

1. Ni Pierre ni Paul .... mon mari, et ni l'un ni l'autre ne .... curieux de le devenir.

2. Plus d'un soldat .... mort à la guerre.

3. Un des jurés qui .... là .... à récuser.

4. Un des défauts des hommes qui .... à combattre : la grossièreté.

5. La moitié de ces légumes .... à jeter.

6. Plus d'une parmi les femmes présentes .... à photographier, tant les coloris des robes sont lumineux.

E ou ENT ?

7. Moins de deux trains pass.......... dans une journée à cette gare.

8. Plus d'un voleur se bern.......... l'un l'autre.

9. Peu de nomades ignor.......... les vertus de l'eau.

10. Peu de monde pass.......... par cette rue.

11. Cette exposition ne marche pas fort, si l'on en juge par le peu de monde qui la visit..........

12. Le peu d'attentions que vous me manifestez m'attrist.......... profondément.

13. Le peu de choses qu'il sait ne l'empêch...... pourtant pas d'être sûr de soi.

14. La plupart des gens orthographi...... mal mon nom.

15. La plupart du temps se pass...... chez eux en disputes.

16. On vote : la moitié des élèves de la classe protes.......
17. On vote : la moitié au moins des candidats présents contest.......... les résultats.
18. Peu import.......... les dates des vacances : cette année je ne pars pas.
19. Viv.......... les héros des résistances passées !

T ou ENT ?

20. Soi.......... ces deux propositions dont je t'ai parlé : laquelle choisis-tu ?

Qui l'emporte ?

21. Les délais et la finition du travail, qui ne sont plus jamais respect......., finissent par lasser la clientèle.
22. Ni vous ni moi ne sav....... ce qui va se passer.
23. Toi et tes enfants devr....... améliorer vos relations.
24. Lui et toi .... la même personnalité.
25. Toi et moi n'....... qu'un problème : la confiance.
26. En .... âme et conscience, dis-moi ce que tu penses du verdict.
27. Les jeunes gens et les jeunes filles sont nombreu....... à partir à la mer cette année.
28. La totalité des arbres de l'avenue .... été élagu......., et cet ensemble de moignons me fen....... le cœur.
29. Une foule de femmes se pressai....... sur la place.
30. Une quantité d'arbres fu....'... déracin....... lors de cette tornade.

Quelques chiffres...

Où sont les « S » ? Où sont les traits d'union ?

31.   120 ....
32.   241 ....
33.   22 ....
34.   1.080 ....

35.   98 ....
36.   2.200 ....
37.   23.784 ....
38.   6.200.420 ....
39.   80.000 ....
40. 220.380.720.082 ....

Quelques couleurs... Accord ? Trait d'union ?

41. Ses yeux sont noisette..., mais, selon le temps, ils peuvent devenir vert....
42. Les façades rose..., pourpre... et mauve... des maisons de ce port sont uniques au monde.
43. Ces fonds bleu... ciel... ont des bleu... ciel... étonnants.
44. Ces fonds bleu... vert... ont des bleu... vert... étonnants.
45. Je n'écris depuis toujours qu'à l'encre bleu... noirâtre.

Quelques exercices plus faciles...

Barrez la mauvaise réponse.

46. Chaque bébé, chaque enfant
    a
    ont   } besoin d'une mère.

47. Toute occupation, toute profession
    a
    ont   } des contraintes.

48. Nul homme, nulle femme ne
    peut
    peuvent   } prétendre à l'immortalité !

49. Aucun présent, aucun geste ne
    pouvait
    pouvaient   } me faire plus plaisir.

Accords du participe passé : *voir ce mot.*

Corrigé p. 81.

4 - **ADVERBES**

Si la règle générale veut que l'adverbe s'obtienne en ajoutant le suffixe **-ment** *au féminin de l'adjectif, de nombreuses règles particulières viennent compliquer la tâche.*

Dans le désordre, voici 50 adjectifs (ou mots pris adjectivement) qu'il vous convient de placer dans les colonnes appropriées.

De 1 à 50. véhément, présent, gentil, impuni, commode, vrai, impudent, puissant, indu, prude, vache, conscient, éperdu, bête, ingénu, calme, poli, plaisant, immense, incident, profond, nul, imprudent, aucun, uniforme, agressif, inlassable, obstiné, habituel, ingénieux, spirituel, distinct, confus, incessant, bougre, aisé, précipité, savant, assidu, évident, obscur, inconscient, beau, plaintif, cru, pesant, étonnant, général, courant, preste.

En MENT :

....
....
....
....
....
....
....
....
....
....
....
....

En EMMENT :

....
....
....

En AMMENT :

....

....

....

En ÉMENT :

....

....

....

51. **Naguère** *signifie :*

☐ autrefois
☐ hier
☐ jadis
☐ il y a peu de temps

52. *Cochez ce qui est correct :*

☐ face à l'église
☐ en face l'église
☐ en face à l'église
☐ en face de l'église
☐ face l'église

53. *Doit-on dire :*

☐ Je reviens de suite
☐ Je reviens tout de suite

54. *Et « J'ai cousu trois robes de suite » signifie :*

☐ J'ai cousu d'affilée
☐ J'ai immédiatement cousu
☐ Je n'ai pas mis longtemps pour coudre...

Aussi tôt, aussitôt, plus tôt, plutôt.

Replacez-les aux bons endroits.

55. .... il viendra, mieux cela vaudra !

56. Tu devrais faire de vrais repas, ... que de grignoter sans cesse !

57. Avec elle, pas de tergiversations : .... dit, ... fait.

58. Je ne me lève jamais . . . . que lui : il est vrai que j'aime . . . . la vie nocturne.

59. Si tu m'appelles, je viendrai . . . ., le . . . . que je pourrai.

Comment accorderez-vous l'adverbe **quelque** *dans les trois phrases qui suivent ?*

60. . . . . trois cents personnalités assistaient à cette représentation.

61. . . . . tenaces qu'ils aient été, leur entreprise n'a pu subsister.

62. Agée de . . . . quatre-vingts ans, elle en paraît à peine soixante-dix.

Enfin, que doit-on dire, selon-vous ?

63. ☐ J'arrive de trop bonne heure.
    ☐ J'arrive trop de bonne heure.

64. ☐ Il travaille trop.
    ☐ Il travaille de trop.

65. ☐ J'ai compté dix francs de trop.
    ☐ J'ai compté dix francs en trop.
    ☐ J'ai compté de trop de dix francs.

Corrigé p. 85.

5 - ANT OU -ENT ?

1. Les afflu....... de la Garonne.

2. Les discours converg....... de nos interlocuteurs.

3.4. Il s'agit d'afflu..... converg..... vers l'embouchure.

5. Il vit d'expédi........

6. Mon directeur est un personnage influ........

7. Le sommeil influ....... sur la santé, il est bon de dormir.

8. Ne pas être trop exig....... : le secret du bonheur, dit-on.

9. 10. Quoique exig....... beaucoup, je sais aussi être arrang........

11. C'est un sculpteur excell........

12. Un sculpteur excell....... à reproduire la ressemblance de ses modèles.

13. 14. 15. Adhér....... à cette coopérative, vous aurez, en plus des avantages réservés à nos adhér......., priorité pour vous inscrire aux stages réservés jusqu'alors aux résid....... de notre cité.

16. Négli....... ses enfants depuis toujours, il pouvait s'attendre à ces déplorables résultats scolaires.

17. 18. Notre prési......., néglig....... beaucoup trop les relations avec le personnel, risque fort de ne pas voir son mandat renouvelé.

19. Tu es trop néglig....... dans ta mise : tu devrais faire un effort.

20. Présid....... pour la première fois un congrès, j'ai découvert l'angoisse de la prise de parole en public.

Verbes en -quer et en -guer

Saurez-vous maintenant, ayant vu les différences entre adjectif verbal et participe présent (toujours invariable), situer dans la colonne appropriée les différents mots ci-dessous ?

De 21 à 40. Communiquant ; suffocant ; vacant ; extravagant ; suffoquant ; fatiguant ; fatigant ; intrigant ; fabricant ; fabriquant ; naviguant ; provocant ; précédent ; équivalant ; compétent ; provoquant ; intriguant ; précédant ; obligeant ; équivalent.

invariables	**variables**
(participe présent)	*(adj. verbal, nom)*
....	....
....	....
....	....
....	....
....	....
....	....
....	....
....	....
....	....
....	....
....	....
....	....
....	....

Et enfin, cet exercice aura-t-il été convainquant (ou) convaincant pour vous ? (5 points à lui seul.....)

Si vous avez moins de 30 points à ce test, reportez-vous sans tarder au chapitre correspondant, d'*Écrire, parler,* Presses Pocket n° 2 071.

Corrigé p. 86.

6 - **APPOSITIONS**

*Voici un texte au style résolument journalistique ou publicitaire. Vous y repérerez vite ces excès d'appositions, plaie des discours modernes qui se veulent « légers » et « vivants ». A vous de rétablir les maillons manquants **(de, pour, au sujet, concernant, ayant,** etc.) à l'intérieur de ces expressions, afin qu'elles retrouvent une formulation acceptable.*

Ne ratez pas la réunion-information qu'organise notre département vacances dans le cadre de notre campagne culture-loisirs ; cette journée portes ouvertes vous permettra de prendre connaissance de toutes les propositions haut de gamme que nous vous offrons :

- notre formule luxe : croisière-repos, week-end relaxation, séjours mer montagne en appartement grand standing ;
- notre formule Robinson : voyages-aventure, randonnées-équitation, location de voitures tout terrain (assurance multirisques comprise dans les prix proposés), circuits exclusivement par des itinéraires « bison fûté » ;
- notre formule artisanat et communication : stage peinture, stage tissage, session-expression, projections-diapos... (forfait tarif étudiant) ;
- notre formule troisième âge : séjour en résidence quatre étoiles avec multiples activités : conférences-débats, soirées bridge, etc.

Pour de plus amples informations, vous pouvez aussi passer à notre guichet-renseignements où il reste quelques bulletins adhésion. Faites vite !

Maintenant, quelques annonces et panneaux (publicitaires ou non) que nous pouvons lire quotidiennement...

1. Nous recherchons une secrétaire mi-temps...
2. Notre service exportations aimerait s'attacher les services d'une attachée de presse free lance...
3. Soldes toute la semaine à notre rayon littérature...
4. Opération-coup de balai : solde de la collection automne hiver 81 : manteaux toutes saisons, robes lainage col officier, rayon grandes tailles, etc.
5. Passage piétons
6. Consignes incendie

7. Entrée livraisons

8. Il reste à vendre, dans cet immeuble rénové, trois studios coin cuisine tout confort…

9. Compte clients.

10. Nous discuterons de tout cela à la pause-café.

11. Avez-vous essayé notre ligne après rasage ?
… Et notre moquette grand passage ?

12. Notre planning-fabrication pour le mois est tout à fait saturé.

13. Avez-vous pris vos tickets-repas pour le mois ?

14. Lors des dernières négociations-salaires, les délégués du syndicat majoritaire se sont violemment heurtés à la direction.

*De toutes ces expressions, distinguez celles qui sont des métaphores (**un roman-fleuve** : un roman « qui est comme » un fleuve) de celles qui ne font appel à aucune logique grammaticale et où il n'est pas toujours aisé de repérer quel mot joue le rôle déterminant par rapport à l'autre (**croisière-repos...**) Quelles conclusions pouvez-vous en tirer ?*

Corrigé p. 87.

7 - ARCHAÏSMES

Un directeur un peu « parvenu » s'adresse à son personnel. Le mélange, dans son discours, de tournures populaires et d'expressions archaïques, souvent recherchées ou désuètes (en italique dans le texte), frôle bien sûr le ridicule.

Quels archaïsmes, selon vous, peuvent être conservés dans ce discours résolument familier ? Quels sont ceux qu'il faut absolument gommer, sous peine de s'entendre rire au nez ? Et par quelles autres expressions allez-vous les remplacer ?

Oyez ce que j'ai à vous dire, les gars !

Si l'affaire périclite, c'est quand même que vous n'êtes pas très *ferrés* et que la bonne volonté, on ne peut pas dire que vous en *regorgiez*.

Il ne me *sied* peut-être guère de faire la morale, moi le *bon-à-rien issu de moins que rien* ; mais si la boîte va à *vau-l'eau*, il *appert* que c'est vous les responsables, vous les frais *émoulus* des grandes écoles et triés sur le *volet*.

Peu me *chaut,* en fait, la tournure que prendront les événements. On est tombé dans le *lacs* de la démagogie et on est pigeonné.

Advienne *que* pourra ! Mais, *eu égard* à vos vies privées, je ne *laisse* pas de m'en faire et j'aurais mal supporté de ne pas vous dire que l'affaire est dans le lac, que ce n'est pas des *coupes sombres* qu'on va faire et que je risque de faire long *feu* comme directeur !

Corrigé p. 89.

8 - **ARTICLES**

Un, le, du ou rien du tout ?

à son voisin :

1. Passez-moi .... beurre.

à son crémier :

2. Donnez-moi .... beurre.

d'un ami :

3. Il est .... dépositaire d'Alfa-Roméo à Paris.

4. Il est .... professeur d'économie.

5. C'est .... professeur d'économie.

6. Il est .... spécialiste le plus réputé de l'art chinois en Europe.

7. Il est .... spécialiste d'art chinois.

8. C'est .... grand ami.

9. C'est .... frère aîné de tante Clémence.

10. C'est .... premier dimanche de mai que je l'ai rencontré.

11. C'est .... dimanche de mai que je l'ai rencontré.

12. C'est .... grand et .... blond athlète.

13. .... vieil et .... terrible avare lui servait de père.

Doit-on mettre l'article ? Le répéter ?

14. .... dix-septième et .... dix-huitième siècles.

15. Devoir .... fidélité et .... obéissance.

16. .... vengeance et .... colère sont des plats qui se mangent froids.

17. .... enfant je suis, ... enfant je reste.

18. N'aie .... crainte de me vexer : je suis d'un cynisme achevé.

19. Le jour de .... Saint-Barthélemy, je serai en Italie.

20. *Trouvez cinq expressions qui suppriment l'article devant le nom.*

Corrigé p. 90.

9 - **ATTRIBUT**

Cochez la formulation la plus correcte :

1. ☐ **C'est**
   ☐ **Ce sont**
   } à l'automne et au printemps que les couleurs de la nature sont le plus chatoyantes.

2. ☐ **C'est**
   ☐ **Ce sont**
   } la jalousie et la méchanceté qui la font agir.

3. ☐ **C'était**
   ☐ **C'étaient**
   } des contes à dormir debout.

4. Sa chance { ☐ **est**
   ☐ **sont** } ses parents.

5. □ **C'est**
   □ **Ce sont** } ses oncle et tante qui le lui ont offert.

6. □ **C'est**
   □ **Ce sont** } nous qui avons les titres de la propriété.

7. Les principes fondateurs de la république,
   □ **C'est**
   □ **Ce sont** } : liberté, égalité, fraternité.

8. □ **Ce sera**
   □ **Ce seront** } vous les premiers arrivés.

9. □ **Ce fut**
   □ **Ce furent** } eux les plus rebelles à cette idée.

10. Certains êtres sont mélancoliques quand vient le crépuscule ;

vous aussi { □ **l'êtes**
            { □ **y êtes**

11. Elle a souvent l'air { □ **rêveur**
                         { □ **rêveuse**

12. Elles ont l'air { □ **méchant**
                     { □ **méchantes**

13. Ces fleurs ont l'air { □ **fané**
                          { □ **fanées**

14. Mes cousins ont vraiment l'air { □ **triste**
                                    { □ **tristes**

15. Ma fillette a toujours l'air { □ **gai** } comme
                                  { □ **gaie** } un pinson.

Corrigé p. 91.

10 - **BARBARISMES, SOLÉCISMES ET CONFUSIONS**

La liste en est trop longue pour que nous puissions l'épuiser sans provoquer une certaine lassitude.

Afin pourtant que la plupart des mauvais emplois soient répertoriés, nous avons parsemé ce livre d'exercices de quelques **jeux d'erreurs** qui recensent à eux tous l'essentiel des erreurs assez souvent commises.

Si vous tenez à tester votre « bonne tenue » à l'écrit, repérez donc aux pages 24, 38-39 et 77-78 les fautes volontairement commises. Et pour commencer, ce texte où ne se cachent pas moins de 33 fautes !... Combien en repérez-vous ?

■ RÉCRÉATION
Jeu des 33 erreurs

Je me trouvais l'autre jour près de la merveilleuse obélisque de la Concorde. Un espèce de grand barbu tout déguingandé, à la peau diaphane et à l'air frustre, s'approche de moi en me tendant une envelloppe. Je ne sais pourquoi, malgré que je ne sois pas facilement peureuse, les pulsions de mon cœur se sont accélérées : j'ai craint un infractus. J'ai commencé à l'agoniser d'insultes en lui lançant des apostrophes orduriers. Et je me suis sauvée.

J'ai tant couru à pied que je me suis retrouvée malade le lendemain, complétement aphone. Mon mari m'a exortée à aller à l'otho rino laringologue. Mais c'est un soit-disant imminent médecin dont les tarifs sont exhorbitants, et comme j'ai actuellement des problèmes pécuniers, j'ai préféré d'attendre. Mais au bout d'un certain temps, comme je souffrais le martyr, je me suis décidée d'y aller. En cinq sept, le rendez-vous était pris. Ce proffesseur m'a si bien soignée que j'ai voulu le remercier : j'ai hésité entre un livre de psychanalise (je sais qu'il s'intérresse à cela) et une plante. La prière d'insérer que j'ai lue au dos du livre ne m'a pas inspirée, aussi ai-je préférée lui offrir un magnifique azalée.*

* J'ai mis une astérisque, mais je ne me souviens plus pourquoi.

Corrigé p. 91.

11 - **BUT**

Voici 2 phrases indépendantes :

1. Je vais essayer de terminer ce travail.
2. Je vais partir en vacances.

Si je veux relier ces 2 phrases en y introduisant une idée de but, cela donnera :

3. Je vais essayer de terminer ce travail **afin de (pour,** etc.) partir en vacances.

Sur ce modèle, et à l'aide des outils suivants qui énoncent le but, vous relierez les différentes phrases 1 et 2 (et quelquefois 3) entre elles.

Outils : pour, pour que, afin, afin de, afin que, de manière à, de manière que, de façon à, de façon que, en vue de, de crainte de, de peur de, de crainte que, de peur que.

1. Je prends des tranquillisants.
2. Je veux dormir.
3. ....

1. Les prochains Jeux olympiques seront à Tokyo.
2. D'importantes structures d'accueil sont mises en place.
3. ....

1. Les pluies sont fréquentes.
2. Je prends mon parapluie.
3. ....

1. Il peut venir.
2. Je crains sa venue.
3. Je débranche la sonnette.
4. ....

Corrigé p. 92.

12 - **CAUSE**

De nombreux outils existent, qui gouvernent la relation de cause. Selon que le lien causal est neutre **(parce que...)**, dramatisé **(c'est que...)**, insistant **(c'est parce que... que)**, ou qu'il abrite une idée de dénégation **(non que... mais parce que)**, qu'il veut souligner la vérité de ce qui vient d'être énoncé **(puisque)**, ou la pertinence **(d'autant plus... que)**, les subordonnants seront différents.

A vous de choisir le terme le plus pertinent pour relier entre elles les phrases qui suivent :

1. Je ne sors jamais le soir.
2. J'ai peur seule dans les rues.
3. ....

1. J'espère ne pas avoir à sortir demain.
2. Il pleut tous les jours en ce moment.
3. ....

1. Je suis inquiet au sujet de Marie qui est très fatiguée.
2. Elle a vraiment trop tiré sur la corde cette année.
3. ....

1. Je ne suis pas content et vous le dis tout net.
2. Je ne veux pas vous gronder.
3. Je ne sais taire ma rancune.
4. ....

1. Je n'ai aucune raison d'aller au cinéma.
2. Je n'aime pas le cinéma.
3. ....

Corrigé p. 93.

13 - **COMPARAISON**

Où sont les incorrections ?

1. Il a acheté une voiture pareille que la précédente, mais pas pareille que moi.
2. Ce vin est d'une qualité bien plus supérieure que celui que nous avions l'habitude de commander.
3. Ils n'ont pas bombardé toute la ville, mais c'est tout comme.
4. Le niveau du fleuve est plus inférieur dans cette plaine depuis la construction du barrage sur le plateau.
5. Vous me les aviez confiés en état parfait : je vous les rends tels que.

Et voici quelques phrases comportant des comparaisons. Soulignez les termes qui introduisent les comparaisons

6. Il est plus revêche qu'une porte de prison.
7. Elle pousse des cris d'orfraie.
8. Ils vinrent à la rescousse, comme de vaillants soldats.
9. Dans cette ville, il y a autant de restaurants chinois que de restaurants français, mais moins de restaurants italiens qu'il y a dix ans.

Comparatif : voir **Superlatif** (p. 73)

Corrigé p. 93.

14 - **CONCORDANCE DES TEMPS**

Afin d'éviter les incorrections, et de ne pas tomber dans le ridicule (« j'eusse aimé que vous vinssiez seule »), l'usage veut que certaines structures grammaticales remplacent cet imparfait du subjonctif (ou ce plus-que-parfait) dont on se gausse si souvent à l'oral... (cf. « Concordance des temps » dans Écrire, parler.)

Ainsi : Pour que la surprise fût préservée, il eût fallu qu'ils arrivassent plus tard,

peut se dire, de façon non fautive :

☎ Ils auraient dû arriver plus tard pour avoir la surprise.

☛ Pour que la surprise fût préservée, il leur aurait fallu arriver plus tard.

Les phrases suivantes vous paraissent-elles trop « recherchées » à l'oral ? Si oui, transcrivez-les autrement.

1. Je déplorais qu'ils eussent quitté la France quand précisément ils me téléphonèrent.
2. Étant donné les événements, je crains qu'il ne me faille recommencer entièrement la prospection de ce marché.
3. Je désirerais vivement que ces problèmes fussent considérés comme résolus.
4. Quand j'étais à la direction du personnel, j'ordonnais toujours que les employés arrivassent à l'heure et je fus toujours obéi.
5. Fussent-ils mûrs, je n'en mangerais pas pour autant !
6. Quoiqu'ils appréciassent la peinture de la Renaissance, ils n'eurent guère l'air enthousiastes en visitant ce musée.
7. Il lui fallut beaucoup de courage pour qu'elle pût affronter cette épreuve.
8. Ils étaient les seuls qui fussent capables d'investir tout le marché.

Corrigé p. 94.

15 - **CONDITIONNEL ET FUTUR**

La confusion est si fréquente (à l'écrit, quand phonétiquement la distinction n'est pas très apparente — serai/serais, alors que la différence de son évite la faute entre seras/serais), qu'il n'est pas inutile d'y insister. Comment conjuguerez-vous **prier** *dans les phrases suivantes : Futur ou conditionnel ?*

1. Je vous .... à l'avenir de ne plus chercher à me téléphoner.

2. Je n'ai pas la foi ; dommage, sinon je . . . . pour toi.

3. Je vous . . . . bien de m'envoyer votre catalogue, si j'étais sûr que cela ne vous fasse pas défaut.

4. . . . . -tu quelqu'un qui ne cesse de t'humilier ? C'est un conseil que je te demande.

5. . . . . -tu encore Léopold de te remplacer pour le prochain débat ? Je t'en conjure, cesse de te mésestimer.

Et avoir ?

6. . . . . -tu encore pris mes ciseaux ? Je les cherche depuis une heure.

7. Ils . . . . beau dire et beau faire, je ne céderai pas.

8. J'. . . . . . . mauvaise conscience si je ne le soutenais pas lors de son jugement.

9. J'. . . . . . . mauvaise conscience si je refuse de l'aider.

10. J'. . . . . . . trop de bagages si je continue à vider ainsi ma penderie.

11 - 12. Excuse-moi : j'. . . . . . . sans doute mal lu ton heure d'arrivée. Mais je l'. . . . . . . peut-être bien déchiffrée si tu avais une écriture plus lisible.

Et être ?

13. . . . . -je élu à l'Académie française ?

14. Je ne me souviens plus de rien : . . . . -je devenu amnésique ?

15. Je . . . . ponctuel pour une fois, c'est promis.

16. Je . . . . fou de l'écouter.

17. Je . . . . fou de cet enfant, je le sais d'avance.

*Si vous avez moins de 15 à cet exercice, reportez-vous sans tarder aux chapitres 27 et 47 d' **Écrire, parler.***

Corrigé p. 95.

16 - **CONSÉQUENCE**

L'idée de conséquence y est. Mais la formulation est impropre. Voyez-vous pourquoi ? Redressez les phrases :

1. Je l'ai poussé dans ses derniers retranchements, de manière, pour une fois, à sortir de sa réserve.

2. J'ai mis tous les atouts de mon côté, de façon à ce que ma candidature ait quelque chance d'être retenue.

3. Au cas où vous voudriez passer quelques jours nous voir, j'ai noté toutes nos coordonnées de telle sorte que vous pouvez nous trouver sans peine.

De manière telle que. En conséquence. C'est pourquoi. Donc. Si bien que. Tellement ... que. A ce point que. De telle sorte que.

De ces coordonnants et subordonnants, quels sont ceux que vous incluriez dans la phrase ci-dessous ?

4. Je voulus parler, mais il me saisit d'une main vigoureuse et me jeta à la porte .... je tombai et me blessai grièvement à la tête.

Au point que. Aussi. Donc. C'est pourquoi. Si bien que. De sorte que.

La maladie de Grégoire peut avoir sept conséquences. Choisissez le terme approprié pour induire les sept phrases numérotées de 5 à 11.

Vous ne devez utiliser les termes qu'une seule fois.

Il y a 6 termes... et 7 phrases. Comment allez-vous faire ?

GRÉGOIRE A ÉTÉ MALADE UNE GRANDE PARTIE DE L'ANNÉE

5. .... Girard a dû prendre en charge une grande partie du département des ventes à l'étranger.

6. .... il ne risque guère d'avoir une promotion avant l'année prochaine.

7. .... tant de dossiers sont restés en attente.

8. Il aura .... un gros travail de remise à jour à faire à son retour.

9. .... la secrétaire de Girard avait fini par oublier son existence.

10. .... il paraît que sa femme l'a très mal supporté.

11. .... ne prétend-il pas postuler à la direction commerciale.

Corrigé p. 96.

17 - **COORDINATION**

Redressez les phrases :

1. Est-ce que je suis folle ou si c'est toi ?
2. Après avoir fini les négociations et se sentir l'esprit léger, les manifestants se dispersèrent.
3. Elle leur servit à la fin de l'été et à dîner un succulent cari.
4. Il visitait les trois restaurants, discutait le menu du jour avec le maître d'hôtel, puis les cuisines pour voir le premier chef...
5. Il avait passé des vacances et des itinéraires si remarquables qu'il ne pensait qu'a retourner en Scandinavie.
6. Il s'adressa à eux et à brûle-pourpoint d'une voix qui n'admettait pas de réplique.
7. La politique lui semblait un jeu dangereux, et sa sœur aussi, qui avait là-dessus les mêmes idées que lui.
8. Il attendit que le barman les eût servis et enlevé leurs verres vides pour commencer son récit.
9. Il avait été surpris par son assurance et cru un instant à sa sincérité.

10. A peine remis de maladie, le courrier entassé sur son bureau était d'une abondance décourageante.

11. Ni le directeur et le sous-directeur ne sont capables de faire régner l'ordre.

12. L'inflation et la récession économique ne sont pas des éléments rassurants et réjouissants.

13. Nous garantissons nos produits cultivés sans engrais chimique et pesticide de synthèse.

Corrigé p. 97.

18 - **DÉFECTIFS**

Quelles sont les marques de temps, de personne, de nombre que les verbes suivants peuvent recevoir ?

1. clore	5. transir	9. quérir
2. gésir	6. occire	10. absoudre
3. apparoir	7. frire	11. ouïr
4. promouvoir	8. choir	12. chaloir

Cherchez, pour chacun, les mots de même racine que vous connaissez. Exemple :

1. clore : clôture — clôturer — enclore — enclos — clos — huis clos — closeau — closerie — déclore — cloison — occlusion — etc.

2. gésir ....

3. apparoir ....

4. promouvoir ....

5. transir ....

6. occire ....

7. frire ....

8. choir ....

9. quérir ....

10. absoudre ....

11. ouïr ....

12. chaloir ....

Corrigé p. 98.

19 - DÉMONSTRATIFS

*Manque-t-il des démonstratifs dans les phrases suivantes ?
Et ceux qui sont employés le sont-ils correctement ?*

1. Elle a deux filles, une qui a seize ans, la seconde qui va en avoir onze. Celle-là pousse sans problème, alors que celle-ci est une adolescente véritablement révoltée.

2. Je n'arrive pas à me souvenir du nom du cinéaste qui a fait, selon moi, le meilleur péplum : il dure six heures dans sa version intégrale. Voyez-vous cela que je veux dire ?

3. Celui-là qui cherche la réussite facile risque fort d'échouer.

4. Il me faut faire ma valise rapidement pour partir en vacances : ça m'enchante si ça m'ennuie.

5. Ce que c'est que de vieillir ! je confonds tous les noms de famille.

6. Cela disant, il lui claqua la porte au nez.

7. Ça ne sait même pas parler et ça veut commander !

8. Il y a peu de points communs entre mes goûts et les goûts de mon frère.

Corrigé p. 99.

Corrigé p. 99.

20 - ENGOUEMENTS

Comment ne pas être frappé par les modes et tics de langage qui fleurissent actuellement ?
Certes, ils n'affectent que quelques amateurs de nouveautés, toujours prêts à suivre les slogans dictés par la minorité (ou majorité) à laquelle ils entendent appartenir.

Leur caractère éphémère les rend peu dangereux. On pourrait donc les laisser nous envahir sans plus y attacher d'importance.

Savoir les débusquer est cependant un exercice qui permet d'aiguiser son acuité et qui, partant, libère de certaines contraintes inconscientes de la langue.

Quels mots ou expressions « à la mode » repérez-vous dans le texte ci-dessous ?

Et par quels autres termes les remplacerez-vous ?

Deux amis se rencontrent.

Le premier : Dis-moi un peu, mon vieux, où tu en es ? Ton divorce ne t'angoisse pas trop, on dirait. Comment tu négocies tout ça, dis-moi ?

Le deuxième : J'avoue. Au niveau de l'affect, j'ai pas mal négocié. Si tu veux, je me suis trouvé au départ très, très concerné. Et puis j'ai réalisé que Marie me culpabilisait un maximum, et j'ai alors décidé d'investir plus sur les gosses et de coller plus à la réalité.

Ce n'est pas facile de s'assumer comme père, mais, quelque part, c'est plus vivant, et, au niveau du vécu, j'ai récupéré la relation avec les mômes et je m'accroche.

Le premier : Ben, dis-moi, c'est bien tout ça. Mais au fond, qu'est-ce que tu vises ?

Le deuxième : Oh ! je ne vise pas grand-chose. Ça me conforte simplement dans l'idée que le consensus parents-enfants est peut-être encore la seule chose gratifiante aujourd'hui !

Et toi, qu'est-ce que tu deviens ?

Le premier : Oh ! tu sais, je mène toujours une vie super tranquille. Au niveau famille, je veux dire. Sinon, au niveau professionnel, ça va. Comme j'avais le profil, je me suis annexé sans problème le département publicité. Et ça, ça me motive. Il y a vraiment un message à faire passer, et comme je fais beaucoup de terrain, je reste branché sur la réalité. L'impact est fort, si tu veux, dans ce domaine, et comme je me sens très concerné, je dois pouvoir me réaliser complètement.

Le second : Et c'est quoi ton créneau ?

Le premier : C'est vaste. Mais disons que la cible, c'est le consommateur moyen des grandes villes, disons sur Paris.

Mon but est de stopper l'excès des messages grand public qui en fait ne sont pas opérationnels, pour essayer de dessiner des cibles plus pointues. Les résultats sont alors plus fiables et les modules d'enquêtes basiques sont d'une taille qu'on maîtrise plus facilement. C'est une stratégie comme une autre. Mais disons que j'investis beaucoup là-dedans. Tiens, j'essaie en ce moment, si tu veux, de promouvoir un produit complètement dément. Ça me donne un super boulot, mais, au niveau de la satisfaction, ça n'est pas un investissement bidon.

Corrigé p. 100.

21 - ÉNONCIATIONS

*Il est évident que la parole, si elle est proférée par un sujet particulier — et en cela toujours unique —, s'adresse **aussi** à un interlocuteur précis.*

Ainsi la question :

Tu as l'heure ?

que je pose à mon ami, deviendra, s'adressant à ce même ami :

— Zut, c'est quelle heure ?

après découverte d'un rendez-vous que j'avais oublié,

ou bien :

— Pardon monsieur, pouvez-vous me dire l'heure qu'il est, s'il vous plaît ?

à un quidam dans la rue,

et encore :

— Ce n'est pas que je m'impatiente, mademoiselle, mais ma montre est arrêtée. Avez-vous l'heure s'il vous plaît ?

à la secrétaire du directeur qui me fait attendre depuis une heure dans son antichambre.

Voici quelques phrases.

Elles ne seront pas les mêmes, selon qu'elles sont orales (☎), écrites (▭), adressées familièrement (FAM) ou respectueusement (RESP).

Trouvez celles qui manquent :

1. ☎ A ma place, quel chemin tu prendrais pour aller à Saint-Lazare ?

☞ ....
....

2. FAM. C'est quoi ton job, déjà ?

RESP. ....

3. ☞ Les négociations ont repris et l'on espère qu'une issue heureuse sera trouvée au problème du Moyen-Orient.

☎ ....
....

4. RESP. Vous avez peut-être eu quelques déboires qui vous ont déprimé et qui sont cause de votre pessimisme actuel, mais reconnaissez que votre domaine, dans l'ensemble, est moins touché par la récession économique que ne peut l'être celui dont je m'occupe.

FAM. ....
....

5. FAM. Elle te bouffe du combien au kilomètre, la tienne ?

RESP. ....

6. ☞ Les modalités de leur union me sont totalement étrangères : ce qui, selon moi, aurait dû les unir, n'a fait, au contraire, qu'aggraver leur désaccord. Jamais couple ne m'aura été aussi mystérieux.

☎ ....
....

7. RESP. Sauriez-vous si, pour cet été, les vols par charters pour San Francisco sont déjà programmés ?

FAM. ....
....

8. ☎ Tu ne sais pas ce qu'elle m'a dit, sa sœur ?

Je te le donne en mille. Allez, vas-y, devine...

Sûr que tu ne trouveras pas !

✒ ....
....

Corrigé p. 101.

22 - **FAIRE**

Verbe passe-partout qui pourrait avantageusement pourtant être remplacé, selon les contextes, par des équivalents. Les trouverez-vous ?

1. De toutes les façons, je ne **ferai** rien sans vous consulter.

2. Ne la **faites** pas plus méchante qu'elle n'est !

3. ☎ Mais qu'est-ce qu'il **fait** ? Voilà dix minutes que j'attends.

4. ✒ Qu'ai-je bien pu **faire** de mes clés ?

5. ☎ — Qu'est-ce que vous **faites** dans la vie ?

— Je **fais** les Beaux-Arts, et parallèlement je **fais** une licence d'arts plastiques à la Fac.

6. ☎ Pourquoi je **fais** la tête ? Je vais vous le dire. Ce sinistre individu a **fait** des bénéfices sur mon dos, mais ne m'en a jamais **fait** profiter.

C'est normal, ça ? Je vous **fais** juge.

7. Le monde passe son temps à **faire** des lois qu'il ne respecte pas lui-même.

8. Je ne peux lui en vouloir : j'estime même qu'il a bien **fait**.

9. C'est un terrain à **faire** du seigle.

10. Il **fait** du violoncelle depuis l'âge de neuf ans.

Corrigé p. 102.

23 - **FUTUR** (voir conditionnel)

Saurez-vous conjuguer ces trente-cinq verbes au futur (1re pers. du sing.) ?

Si vous obtenez moins de trente bonnes réponses, reportez-vous à l'article **Futur** d'**Écrire, parler.**

1. faire
2. cueillir
3. mettre
4. mourir
5. capturer
6. absoudre
7. voir
8. pourvoir
9. entrevoir
10. résoudre
11. nourrir
12. permettre
13. aérer
14. exclure
15. pouvoir
16. coudre
17. courir
18. céder
19. conclure
20. s'asseoir
21. tordre
22. maintenir
23. pourrir
24. vendre
25. abattre
26. vêtir
27. parvenir
28. moudre
29. mentir
30. ourdir
31. aller
32. graduer
33. haïr
34. boire
35. surseoir

Corrigé p. 102.

■ RÉCRÉATION

Jeu d'erreurs.

Deux erreurs se sont glissées dans cette phrase. Repérez-les :

1. Je vais vous le dire crument : votre attitude me déplaît prodigieusement et je ne puis plus vous supporter tel que.

Ces trois phrases vous semblent-elles correctes ? Sinon, redressez-les :

2. Vous contredites toujours mes positions en politique et vous cherchez toujours, devant des tiers, de m'humilier, mais je vois clair dans votre jeu.

3. Vous incluriez ces frais dans la facture que je ne trouverai rien à redire...

4. Parmi les spécialistes qui êtes réunis ici près du micro, je voudrais plus particulièrement m'adresser au professeur X, dont l'on connaît les imminentes recherches sur le cancer.

Sept erreurs à nouveau se sont glissées dans les phrases ci-dessous :

5. Vendredi je ne pourrai pas venir : j'ai rendez-vous avec Melle Martin, la professeur de français de mon fils.

6. Malgré qu'on en ait, rendons-nous à l'évidence : il vaut mieux être riche et en bonne santé que pauvre et malade... Et comprenons bien ce proverbe juif dans son acceptation propre.

7. J'ai confiance en la personne qui fait le ménage chez moi.

8. En face chez moi vient de s'ouvrir un supermarché ouvert jour et nuit : ils ont démarré ça rapidement et ça a l'air de bien marcher. C'est juste à côté du cordonnier.

*Si vous avez trouvé moins de douze erreurs, relisez sans plus tarder les chapitres 2, 3, 6, 7, 16, 27 et 47 d'**Écrire, parler.***

Corrigé p. 103.

---

24 - **GÉRONDIF**

Sur le modèle :

      A. J'ai pris le métro.

      B. *J'ai rencontré un vieil ami.*

A + B. En prenant le métro, j'ai rencontré un vieil ami.

Reliez les phrases suivantes, lorsque c'est possible, à l'aide d'un gérondif (en + verbe)

1.   A. Je me suis trompée.

       B. *J'ai voulu aller trop vite.*

  A + B. ....

2. A. Je suis passé par la Lorraine.

    B. *Mon frère m'a aperçu.*

    A + B...

3. A. Leur groupe a acquis une certaine notoriété.

    B. *Ils ont donné plus de cent représentations.*

    A + B...

4. A. Les travailleurs ont revendiqué.

    B. *Leurs représentants syndicaux ont obtenu satisfaction.*

    A + B...

5. A. On cherche à faire le bien autour de soi.

    B. *On se fait souvent taper sur les doigts.*

    A + B...

6. A. Il fait un numéro de séduction remarquable.

    B. *Toutes les femmes sont à ses pieds.*

    A + B...

A quelle condition l'emploi d'un gérondif est-il possible ?. . . .

Corrigé p. 104.

Corrigé p. 104.

25 - HOMONYMES

Saurez-vous définir ces homonymes ou les utiliser dans des phrases ?

1. Plain :..
   Plein :..
   Plains :...
   Plaint :...

2. cuir : ....
   cuire : ....

3. conteur : ....
   compteur : ....

4. mari : ....
   maries : ....
   marri : ....

5. plainte : ....
   plinthe : ....

6. porc : ....
   pore : ....
   port : ....

7. différant : ....
   différend : ....
   différent : ....

8. dégoûter : ....
   dégoutter : ....

9. reine : ....
   rêne : ....
   renne : ....

10. défais : ....
    défait : ....
    défet : ....

11. péché : ....
    pécher : ....
    pêcher (deux sens) : ....

12. vair : ....
    ver : ....
    verre : ....
    vers (deux sens) : ....
    vert : ....

13. pair (deux sens) : ....
    paire : ....
    perd : ....
    perds : ....
    père : ....
    pers : ....

14. fond : ....
    fonds (deux sens) : ....
    font : ....
    fonts : ....

15. foi : ....
    foie : ....
    fois : ....

16. détoner : ....
    détonner : ....

17. bailler : ....
    bâiller : ....
    bayer : ....

18. bau : ....
    baud : ....
    baux : ....
    beau : ....
    bot : ....

19. cèle : ....
    celle : ....
    scelle : ....
    sel : ....
    selle : ....

20. barbu : ....
    barbue : ....

Vous pouvez essayer de trouver d'autres séries d'homonymes.

Corrigé p. 104.

26 - **IMPÉRATIF**

Treize impératifs dans la lettre ci-dessous.
Peut-on l'envoyer telle quelle ?

Cher Benoît,
Je t'envoie l'adresse que tu m'as réclamée. **Soies** assuré
— tu sembles en douter ! — que cela ne m'ennuie en rien de

te rendre ce service. **Sais** bien ceci une fois pour toutes : les amis de mes amis sont mes amis... Et **accepte** en conséquence que les problèmes de politesse n'aient plus cours entre nous, **promets-moi-le.**

Sache que j'admire ton courage à affronter ainsi la situation... **Donne-moi-z-en** un peu, car j'en manque singulièrement en ce moment !

Un conseil, simplement : **va-z-y** de ma part, et **réclames** une facture, c'est plus sûr. Et puisque tu fais le déplacement, **profite-z-en** pour prendre quelques formulaires bleus, introuvables ailleurs. **Prends moi-z-en** quelques-uns par la même occasion, et **envoie-moi-les** en même temps que tu me communiqueras les résultats de tes démarches.

Veule le ciel t'assister dans cette rude épreuve, comme on dit ici-bas, et **daignes** accepter mes amitiés les plus sincères.

*Si vous avez laissé plus de 3 fautes, reportez-vous sans tarder au chapitre 52 d'**Écrire, parler.***

Corrigé p. 107.

27 - INDÉFINIS

*Voici la liste des indéfinis (cf. chapitre 54 d'**Écrire, parler**...).*

A l'aide de ceux-ci (chacun, s'il est employé, ne l'étant qu'une seule fois), vous compléterez les phrases ci-dessous :

AUCUN	DIVERS	QUELQUE
AUTRE	MAINT	QUI
AUTRUI	MÊME	QUICONQUE
CERTAIN	NUL	TEL
CHAQUE	ON	TOUT
DIFFÉRENTS	PLUSIEURS	UN

1. . . . . difficulté que j'aie à écrire, je n'en prends pas moins la plume pour vous redire toute ma gratitude.

2. A . . . . match, il revivait douloureusement son handicap.

3. ◊ Ce bureau était une véritable fourmilière, ... travaillant à la conception, ... surveillant la machine, le tout dans un climat de bonne humeur que rien n'altérait.

4. . . . . fera du mal à ma fille n'aura droit qu'à ma haine et à mon mépris.

5. ◊ . . . . indice en faisait le suspect numéro 1.

6. J'en ai rencontré . . . . qui appartenaient à cette ethnie.

7. ◊ . . . . qu'en lui-même enfin je le retrouve.

8. Aurais-tu l'intention de lui offrir le . . . . disque ?

9. . . . . être au monde ne m'est plus cher qu'elle.

10. ☞ J'ai visité . . . . petit coin qui te plairait.

11. ◊ Trouvez-vous . . . . mal à cela ?

12. Le programme offrait . . . . possibilités.

13. . . . . raisons l'avaient conduit à cette dé-chéance.

Corrigé p. 107.

28 - **INTERROGATIONS**

Voici quelques interrogations, orales ou écrites. Elles sont plus ou moins correctes. Classez-les de 1 à 3, 4 ou 5, 6, de la plus académique à la moins académique. Ajoutez un ☎ ou une ➡ selon que la tournure est acceptable à l'oral ou à l'écrit, et permettez-vous le ciseau censeur ✂ pour les phrases franchement fautives.

Votre appréciation

A

		Comment vous avez trouvé le chemin ?
		Comment que vous avez trouvé le chemin ?
		C'est comment que vous avez fait pour trouver le chemin ?
		Comment avez-vous trouvé le chemin ?

B

		J'ai dit quoi, déjà ?
		Qu'est-ce que j'ai dit, déjà ?
		Qu'ai-je dit, déjà ?

C

		Le condamnerez-vous pour cela ?
		Allez-vous le condamner pour cela ?
		Vous allez le condamner pour cela ?
		C'est pour cela que vous allez le condamner ?
		Est-ce que vous allez le condamner pour cela ?

D

		Vous vous couchez tout de suite ?
		Vous coucherez-vous tout de suite ?
		Est-ce que vous vous couchez tout de suite ?
		C'est tout de suite que vous vous couchez ?

E

| | | Est-ce que je vais me tirer de ce guêpier ? |

		Vais-je me tirer de ce guêpier ?
		Je vais-t-y me tirer de ce guêpier ?
		Me tirerai-je de ce guêpier ?

F

		J'ai dit : tu viens ? Il n'a rien répondu.
		J'ai dit : viens-tu ? Il n'a rien répondu.
		J'ai dit : est-ce que tu viens ? Il n'a rien répondu.

G

		Gaspar t'a plu ?
		Il t'a plu Gaspar ?
		Est-ce qu'il t'a plu Gaspar ?
		Gaspar t'a-t-il plu ?
		Est-ce que Gaspar t'a plu ?
		Il t'a-t-y plu Gaspar ?

Corrigé p. 108.

Corrigé p. 108.

29 - **LATIN**

Voici un texte. Certaines expressions françaises (en caractères gras) peuvent être remplacées par des locutions latines dont une liste (non exhaustive, mais non complètement utilisée dans le texte) vous est donnée ci-dessous :

A FORTIORI	GROSSO MODO	MANU MILITARI
A POSTERIORI	HABEAS CORPUS	MODUS VIVENDI
A PRIORI	HIC	MUTATIS MUTANDIS
AD HOC	HIC ET NUNC	NEC PLUS ULTRA
AD HOMINEM	IN EXTREMIS	NUMERUS CLAUSUS
AD LIBITUM	IN FINE	PER OS
BIS	IN-FOLIO	PERSONA GRATA
DE FACTO	IN MEDIAS RES	PERSONA NON GRATA
DE JURE	IN-PACE	POST-SCRIPTUM
DE VISU	IN PARTIBUS	QUIA
DIXI	IN SITU	SIC
DEUS EX MACHINA	IN STATU NASCENDI	SINE DIE
EX ABRUPTO	INTRA-MUROS	STATU QUO
EX CATHEDRA	IN VITRO	STRICTO SENSU
EX-LIBRIS	IPSO FACTO	SUI GENERIS
EX NIHILO	LAPSUS	
EX-VOTO	MEA CULPA	

Je n'ai jamais su me défendre. **A plus forte raison** contre les gens de mauvaise foi. **Après coup,** évidemment, je trouve mille parades : le véritable esprit d'escalier ! Mais c'est toujours trop tard, c'est le **problème !**

Je me console en m'apercevant que si je ne suis pas **reconnu, au sens strict,** auprès des gens que je fréquente, je ne suis pas non plus, **du coup, quelqu'un qu'on rejette** dans ce petit monde.

Je suis tout bonnement quelqu'un à part : disons que, **de manière approximative,** notre **compromis** est de se voir peu. Et si je ne suis pas **ce qu'il y a de mieux** parmi les bourgeois que je côtoie, j'ai au moins l'orgueil de me dire que je me suis vraiment fait, moi, **à partir de rien.**

Ici et maintenant, je peux vous déclarer que le roman de ma vie, lu **d'un bout à l'autre,** ne montre aucune concession, et je peux, **de manière abrupte,** affirmer : je n'ai pas la moindre chose à me reprocher.

Vous me direz que ce discours — peut-être un peu **professoral** à votre goût — est, à la veille d'une élection, un discours **de circonstance...**

A votre guise.

Pour ma part, j'ai la conscience tranquille.

J'ai dit.

Sur les dix-huit expressions latines qu'il vous fallait trouver, combien en avez-vous utilisé ?

*Moins de 8 ? Reportez-vous immédiatement au chapitre 59 d'**Écrire, parler.***

Corrigé p. 109.

30 - **MAJUSCULES**

La lettre ci-dessous est volontairement transcrite sans majuscules. Voulez-vous les rétablir ?

ministère de l'éducation nationale
service de la comptabilité
bureau n° 36.

benoît chalandard,
sous-chef comptable
à.................................

    monsieur le directeur,

m. schmoll, chef du service de la comptabilité au minis-tère de l'éducation nationale, m'a suggéré de vous écrire pour porter à votre connaissance...

m. derive, professeur honoraire au lycée louis-le-grand, nous avait demandé si...

bien que m'étant rendu, comme prévu, à la réunion générale d'informations qu'organisait le bureau d'aide so-ciale de la ville de poitiers, je n'ai pu avoir d'audience auprès du secrétaire général chargé des relations publiques, monsieur faucher.

aussi aimerais-je obtenir, par l'intermédiaire de monsieur le secrétaire-trésorier-adjoint, l'assurance que le dossier...

le président de l'association des parents d'élèves de la vienne nous a d'autre part communiqué...

bien que je ne fusse pas tout à fait d'accord avec la proposition qui fut faite à notre bureau, j'ai cependant ré-pondu au président que..., sachant par ailleurs les problè-mes que soulève la fermeture de l'école secondaire saint-jean-baptiste-de-la-salle, établissement d'une grande an-cienneté puisqu'il a été fondé par saint jean-baptiste de la salle lui-même...

espérons que son éminence monseigneur le cardinal-ar-chevêque de poitiers (à qui j'ai pris la précaution d'envoyer une caisse de saint-émilion), ne s'opposera pas à notre décision !

....roire que vos services feront diligence pour ......rie de croire, monsieur le directeur, à...

le sous-chef comptable,
benoît chalandard.

31 - **MÊME**

S'accorde-t-il ou est-il invariable ?

1. M.......... les représentants ignoraient le fonctionnement des ventes !

2. Les représentants .... ignoraient le fonctionnement des ventes !

3. Avec les .... ingrédients, elle obtient deux pâtés
qui n'ont pas du tout .... goût et aspect.

4. Nous viendrons nous- .... à la projection.

5. Ses gémissements et ses pleurs .... m'irritaient.

6. Ses gémissements et .... ses tendresses m'irritaient.

7. Les acteurs observeront la règle et les cinéastes
.... devront s'y conformer.

8. .... au mieux de leur forme, ils ont des mines
sinistres.

9. Leurs choix .... m'effrayaient.

10. Leurs décisions, leurs choix .... m'effrayaient.

*Combien avez-vous de bonnes réponses ? Si vous avez ne
serait-ce qu'une faute, il vous faut sans tarder relire le
chapitre 62 d'**Écrire, parler.***

Corrigé p. 111.

32 - **NÉGATION**

10 phrases, qu'il vous faut transcrire
à la forme négative :

1. J'ai reçu votre colis ce matin.

N : ....

2. Je tolère vos incartades et votre insolence.

N : ....

3. Avec de nouveaux apports pécuniaires, je pourrai faire tourner l'affaire.

N : ....

....

4. A Paris et à Rome, je me sens chez moi.

N : ....

5. Donne-moi ton numéro, je t'appellerai.

N : ....

6. Sentez-vous les plus forts : vous l'êtes.

N : ....

7. Il s'en est sorti aussi bien que je l'avais prévu.

N : ....

8. Il s'en est sorti mieux que je l'avais prévu.

N : ....

9. Je suis capable de pardonner à qui me ment et à qui me laisse dans le désarroi.

N : ....

....

10. Avec ton aide, j'espère réussir.

N : ....

10 phrases maintenant,
es incorrections se sont glissées :

'il tombe, j'ai poussé le fauteuil.
er qu'ils me trouvent !
ait, aucun animal l'aurait fait.

14. Je ne vois plus personne ; lui-même, il y a un an que je l'ai vu.
15. J'ai peur que tu prennes l'habitude du café au lit tous les matins !
16. Qu'est-ce qu'il avait pas dit là !
17. Je lui parle guère depuis la brouille avec son frère.
18. Quelle obscurité ! On y voit goutte !
19. Pourquoi me reprocher cela ? J'ai rien dit de tel.
20. Nul pourra jamais comprendre ma douleur.

Corrigé p. 112.

Corrigé p. 112.

33 - PARTICIPE-ADJECTIF OU PARTICIPE PASSÉ

Voici un texte « truffé » de ces participes-adjectifs. Ils vous sont ici donnés sous forme d'infinitif. A vous d'accorder :

Étant (donner) .... les froids qu'il a (faire) .... cette année, nous ne sommes guère (sortir) .... de chez nous. Nous ne nous sommes (absenter) .... que lorsqu'il s'est (agir) .... d'aller se réchauffer au soleil.

Nous avons alors (retrouver) .... des amis qui nous ont (plaire) ...., et nous ont (réjouir) ....

Nous sommes (aller) .... avec eux au théâtre. Les acteurs que j'ai (voir jouer) .... étaient excellents. Je les ai (entendre applaudir) .... comme jamais. Ils nous ont (faire) .... pleurer de rire. La pièce que j'ai (voir jouer) .... était un chef-d'œuvre.

Nous nous sommes (amuser) .... et ce séjour nous a (satisfaire) ...., (plaire) ...., (enchanter) .. et (réconforter) ....

Nous sommes (rentrer) .... à la maison où nous avons (retrouver) .... d'autres amis. Ils nous avaient (préparer) .... une petite fête. Les petits cadeaux improvisés qu'ils nous ont (offrir) .... nous ont (ravir) ....

*Si vous avez moins de 19 bonnes réponses, relisez les chapitres 70 et 79 d'**Écrire, parler.***

Corrigé p. 113.

34 - **PASSÉ**

Imparfait ? Passé simple ? Passé composé ?

*En employant le verbe **marcher** :*

1. ☎ Je .... toute la nuit à travers les rues en espérant te retrouver.

2. ✎ Il .... toute la nuit à travers les rues, espérant le retrouver.

3. Avant ma maladie, je .... toutes les nuits un peu avant de me coucher. Aujourd'hui, je ne peux plus.

4. Je .... beaucoup pendant toute mon enfance : voilà pourquoi j'ai de beaux mollets !

5. Enfant, je .... beaucoup et mes frères avaient du mal à me suivre.

*En employant **comprendre** (a), **réussir** (b), **vouloir** (c) :*

6. Je n'aurais pas dû m'effrayer ainsi : il ne .... (c) ... re peur. Mais je ne le .... (a) que plus tard.
... (c) me faire peur et il y .... (b).
... is enfant, je .... (c) toujours lui faire ... (b).
... (c) me faire peur et il y .... (b).

10. ☛ Toute la journée d'hier, je ...... (c) travailler mais
je n'y ...... (b) point.

11. ☎ Hier, je ...... (c) t'appeler, mais je ne ...... (b) à
avoir une minute à moi.

*En employant **se marier :***

12. ☎ Je ......, mon frère avait juste dix ans.

13. ☛ Je ...... quand mon frère avait dix ans.

14. En mars 72 vous étiez à Tombouctou ? Je .... juste.

Corrigé p. 114.

■ RÉCRÉATION

Jeu des 17 erreurs

Soulignez les formes fautives

Hier seulement — ou avant-hier, je ne m'en rappelle plus
bien — j'ai réalisé qu'il s'était ouvert, en face chez moi, une
petite librairie apparemment bien achalandée.

Je suis allé voir le jeune barbu qui tient cela. C'est un
espèce de grand type, hâve, à l'air rustre, qui m'a tout de
suite pris à parti.

Cela ne m'a pas plu. Et c'est dommage car, à priori, il y a
de bonnes idées : par exemple, tous les samedis, des écrivains viennent vous dédicacer toutes les autographes qu'on
veut, il semble qu'il y ait beaucoup d'occasions à profiter, et
les rayons sont bondés pareils qu'à la FNAC.

En tous cas, les indigènes du quartier seront peut-être
satisfaits. Car j'ai découvert dernièrement qu'ils avaient une
forte inclinaison pour la lecture.

Pour moi, le dilemne est toujours le même : soit j'achète
des livres et je n'ai pas le temps de les lire, ou je ne peux
pas, étant donnés les problèmes pécuniaires que j'ai actuellement, étant peu rénuméré à mon travail.

Corrigé p. 114.

35 - **PASSIF**

Toutes les phrases inscrites dans la colonne « Actif » admettent-elles un passif ? Si oui, lequel ?

ACTIF	PASSIF
1. Van Ecken a franchi le col de Murs.	....
2. Ce général utilise l'armée à des fins partisanes.	....
3. Il nous a trompés et déçus.	....
4. La jument rentre à l'écurie tous les soirs.	....
5. Il bat sa femme tous les matins.	....
6. La radio de ma voisine me dérange.	....
7. J'ai entendu chanter la Callas.	....
8. J'ai entendu chanter « la Traviata ».	....
9. De lourdes tentures atténuaient les bruits de la rue.	....
10. Le sucre se dissout dans le café.	....
11. L'opposition boudera le projet.	....
12. L'air des montagnes m'abrutit.	....

13. Le soleil dessèche la
peau. ....

....

14. Son corps d'athlète ne
m'attirait en rien. ....

....

15. J'ai roulé 1 000 km
sans m'arrêter. ....

....

16. Combien ont-ils versé
de larmes ! ....

Corrigé p. 115.

36 - **PERSONNELS** (pronoms)

Voici quelques questions

Répondez-y en employant des pronoms personnels, que vous soulignerez.

1. Pensez-vous souvent à Babette ?
   R : oui,...

2. Songez-vous à l'échéance ?
   R : oui,...

3. Parlez-vous souvent de cette affaire entre vous ?
   R : oui,...

4. Parlez-vous beaucoup à Pierre et Christine ?
   R : oui,...

5. Discutez-vous souvent avec Pierre et Christine ?
   R : oui,...

6. Va-t-elle souvent chez ses parents ?
   R : oui,...

7. Voyez-vous clair dans cette affaire ?
   R : oui,...

8. Les Chinois mangent-ils beaucoup de riz ?
   R : oui,..

9. Avez-vous de l'argent ?
   R : oui,..

10. Me l'as-tu-dit ?
    R : oui,...

Complétez à l'aide de pronoms personnels :

11. Pour étudier cette ethnie, il faut .... connaître, ... apprendre la langue, ... comprendre profondément les mœurs.

12. Elle était laide et .... beau.

13. Que le ciel soit toujours clément pour ...., mon jeune ami !

14. La première fois, je crus .... mourir.

15. Chacun pensait à part .... : qu'il s'en aille !

16. Ce sont des objets qui sont beaux en ....

17. Cet homme, c'est le démon ....

18. .... pensait comme elle, mais il ne voulait pas le reconnaître.

19. J'aimerais bien avoir ton polo : prête-.......-........

20. Ils ne te l'ont jamais réclamée : ne .... restitue pas.

L'exercice était facile. Si vous avez moins de 15 relisez ou lisez le chapitre 73 d'Écrire, parler.

Corrigé p. 117.

37 - PONCTUATION

Voici un texte, tiré de « Casse-Noisette et le Roi des rats », dans « Les Frères de Saint-Sérapion », t. 1, de Hoffmann (Ed. Phébus).

La ponctuation en a été retirée. Voulez-vous la rétablir ?

LE SOIR DE NOËL

Le vingt-quatre décembre l'accès à la pièce centrale et surtout au salon attenant avait été strictement interdit depuis le matin aux enfants du conseiller de médecine Stahlbaum Fritz et Marie étaient recroquevillés l'un près de l'autre dans un coin de la pièce du fond la nuit était tombée et ils commençaient à frissonner car selon l'usage en ce jour-là on n'avait pas apporté de lumière Fritz dans un chuchotement révélait en grand mystère à sa jeune sœur elle venait d'avoir sept ans qu'il avait entendu depuis l'aube dans les pièces condamnées des bruissements des tintements des coups sourds et légers qu'il venait de voir un petit homme noir traverser furtivement le corridor avec une grande boîte sous le bras et que c'était sans aucun doute leur parrain Drosselmeier Alors Marie battant joyeusement de ses petites mains s'écria

Oh je voudrais tant savoir ce que notre parrain Drosselmeier a pu nous faire de beau

M. Drosselmeier conseiller à la Cour d'appel était loin d'être un bel homme il était petit et chétif avec un visage tout ridé il portait sur l'œil droit un large bandeau noir et n'avait pas un seul cheveu ce qui l'obligeait à mettre une très belle perruque blanche laquelle était en verre et habilement travaillée Le parrain était d'ailleurs lui aussi fort habile il possédait à la perfection l'art de l'horlogerie et aucune pendule n'avait de secret pour lui Aussi quand chez les Stahlbaum une de ces magnifiques mécaniques tombait malade et ne voulait plus chanter le parrain Drosselmeier venait à la maison enlevait sa perruque de verre retirait sa petite redingote jaune nouait autour de sa taille un tablier bleu et fouillait dans la pendule avec des instruments pointus La petite Marie souffrait à ce spectacle cependant la pendule ne semblait pas s'en plaindre au contraire elle reprenait vie et se mettait bientôt à ronronner gaiement à battre à chanter et tous en éprouvaient beaucoup de joie A chaque visite il avait dans sa poche quelque surprise pour les enfants tantôt c'était un petit bonhomme qui tournait les yeux et faisait des compliments ce qui était bien drôle à voir tantôt un petit oiseau qui sortait d'une boîte en sautillant ou toute autre curiosité de ce genre Mais pour Noël il avait coutume de fabriquer quelque ingénieuse merveille qui lui coûtait beaucoup de peine et que pour cette raison les parents mettaient soigneusement de côté dès que les enfants l'avaient reçue

LES CADEAUX

J'en appelle à toi ami lecteur et à toi cher auditeur Fritz Theodor ou Ernst peu importe ton nom et je te demande d'évoquer le plus nettement possible la dernière table de Noël que tu aies vue richement garnie de cadeaux magnifiques tu imagineras sans peine le ravissement muet des enfants qui contemplaient ce spectacle les yeux brillants Au bout de quelques instants Marie s'écria enfin avec un profond soupir

Oh que c'est beau que c'est beau

Corrigé p. 118.

38 - **POSSESSIFS**

Complétez les phrases ci-dessous à l'aide de possessifs :

1. Les métiers ont .... blasons comme les localités ont ....

2. J'ai plus roulé que lui avec ma voiture : pourtant, ... semble neuve, et .... hors d'usage.

3. Ayez l'humilité de reconnaître que .... équipe a été supérieure à .... !

4. Je vis qu'il avait froid : .... main tremblait dans ....

5. Ces livres, je te les donne : tu peux les faire ....

Laissez les possessifs « défectueux » à gauche, et reportez les bons à droite.

la tienne	....
la votre	....
les siennes	....

la sienne ....

siens ....

les notres ....

les miens ....

siennes ....

le tien ....

les leures ....

nôtres ....

la leur ....

tien ....

tiens ....

notres ....

votre ....

un mien ....

Faites la liste de tous les possessifs — adjectifs et pronoms — que vous connaissez :

Adjectifs	Pronoms

Corrigé p. 120.

39 - **PRÉPOSITIONS**

Cochez les phrases correctes :

1. ☐ Je n'ai pas confiance en elle
   ☐ Je n'ai pas confiance dans elle

2. ☐ Je n'ai pas confiance en le travail de Martin
   ☐ Je n'ai pas confiance dans le travail de Martin

3. ☐ Cette avenue a de beaux arbres
   ☐ Cette avenue a des beaux arbres

4. ☐ Pour pallier cet inconvénient
   ☐ Pour pallier à cet inconvénient

5. ☐ Une ceinture de cuir
   ☐ Une ceinture en cuir
   ☐ Une ceinture cuir

6. ☐ J'ai écrit à Jean et Jo
   ☐ J'ai écrit à Jean et à Jo

7. ☐ En Charente-Maritime
   ☐ Dans la Charente-Maritime

8. ☐ En Seine-et-Marne
   ☐ Dans la Seine-et-Marne

9. ☐ En Auvergne
   ☐ Dans l'Auvergne

10. ☐ Il est descendu en face l'hôtel
    ☐ Il est descendu face à l'hôtel
    ☐ Il est descendu en face de l'hôtel

11. ☐ Sa boutique est face à l'église
    ☐ Sa boutique est en face l'église

12. ☐ J'ai appris à lire et compter tôt
    ☐ J'ai appris à lire et à compter tôt

13. ☐ Un livre à 200 francs
    ☐ Un livre de 200 francs

14. ☐ Je m'épuise à des efforts inutiles
    ☐ Je m'épuise en efforts inutiles
    ☐ Je m'épuise à l'aider

15. ☐ Je me base sur cela pour...
    ☐ Je me fonde sur cela pour...

16. ☐ Laissons-les parler politique
    ☐ Laissons-les parler de politique

17. ☐ Malgrés les bruits je dors
    ☐ Malgré les négociations, la guerre se poursuit

18. ☐ Je rêve à lui chaque nuit
    ☐ Je rêve de lui chaque nuit

19. ☐ Je rêve un monde nouveau
    ☐ Je rêve à un monde nouveau
    ☐ Je rêve d'un monde nouveau

20. ☐ Je me rappelle Marcel quand il était petit
    ☐ Je me rappelle de Marcel quand il était petit
    ☐ Je me souviens de Marcel quand il était petit

Les phrases qui suivent sont-elles correctes ?
Sinon, corrigez-les :

21. Je l'ai prévenu de façon à ce qu'il soit à l'heure.
22. C'est un va-et-vient incessant : ça entre et sort de la boutique sans arrêt.
23. Je vais à pied a mon travail.
24. Je tiens de vous dire que nous ne ferons plus affaire ensemble.
25. Je tiens de mon père : son portrait craché.
26. L'inactivité parfois peut peser : n'avoir rien à s'occuper est vite démoralisant.
27. Je pars à Nice demain, et de là en Italie.
28. Je m'en rappelle : c'était samedi dernier.
29. J'ai quitté la réunion subrepticement, comme si de rien n'était.
30. Je te pardonne, et lui aussi je le pardonne.
31. Je voudrais un gâteau pour six à sept personnes.
32. Il consent facilement à ce qu'on vienne sans prévenir, d'autant plus que sa clef est toujours après sa porte.
33. Je déteste les promenades en bicyclette, et encore plus les randonnées en ski.
34. D'ici lundi, impossible : je n'aurai jamais terminé.
35. Je lui ai exigé de venir.
36. J'ai acheté un pot à eau en grès.
37. ☎ Passez-moi le pot d'eau s'il vous plaît.
38. L'hermaphrodite participe de l'homme et de la femme.

39. Souvenez-vous de l'incendie du Bazar de la Charité : tout le monde est sorti, les femmes excepté.

40. ...Ce qui revient à dire que l'humanité est souvent victime, saufs les hommes.

*Quel score faites-vous ? Si vous obtenez moins de 22 bonnes réponses, reportez-vous aux chapitres 1, 33, 78 d'**Écrire, parler.***

Corrigé p. 121.

---

40 - **PRONOMINAUX**
(verbes)

Accordez s'il le faut :

1. Elles se sont rappel....... l'époque où elles jouaient ensemble.

2. Ils se sont enfu....... dès les premières sommations.

3.4. ☎ Ils se sont taill....... un réel succès avec cette pièce pour laquelle ils se sont donn....... tant de mal.

5. Les rois, dans ce pays, se sont succéd....... sans interruption depuis le XVIe siècle.

6. Au lieu de chercher à s'entraider, ils se sont nu....... mutuellement.

7. Bien que je l'aie défendu, ils se sont arrog....... le droit de tout changer de place.

8. ☎ Toutes les soupes qu'il s'est aval....... ne l'ont pas fait grossir d'un poil.

9. Angèle s'est fai....... faire un tailleur en prince-de-Galles.

10.11. Elle s'est bien peu souci....... de moi, comme si elle s'était souven....... que la rivalité existait encore entre nous.

12. Leur complicité était telle qu'on aurait parié qu'ils s'étaient donn....... la consigne auparavant.

*A moins de 8 bons accords, apprenez réellement les chapitres 70 et 79 d'**Écrire, parler.***

Corrigé p. 124.

41 - **QUE**

Dans les phrases ci-dessous, certains verbes imposent le subjonctif, d'autres l'indicatif. Établissez les bonnes liaisons en indiquant en regard de chaque phrase la lettre code qui convient. Ex. : 8,b ; 9,c ; 11,a, etc.

1. Jacqueline regrette
2. Jacqueline ne veut pas
3. Jacqueline pense
4. Jacqueline souhaite
5. Jacqueline craint
6. Jacqueline demande au ciel
7. Il convient à Jacqueline
8. Jacqueline dit
9. Jacqueline dit qu'il faut
10. Jacqueline déclare
11. Jacqueline imagine
12. Il est clair pour Jacqueline
13. Il ne semble pas à Jacqueline
14. Jacqueline veut
15. Jacqueline ne pense pas
16. Il est regrettable pour Jacqueline
17. Jacqueline doute
18. Jacqueline admire
19. Jacqueline consent
20. Jacqueline est surprise

21. Jacqueline s'indigne
22. Jacqueline prétend
23. Jacqueline aime
24. Jacqueline reconnaît
25. Jacqueline admet
26. Jacqueline n'admet pas

a. qu'Ernest est un grand artiste
b. qu'Ernest n'est pas un grand artiste
c. qu'Ernest soit un grand artiste
d. qu'Ernest ne soit pas un grand artiste

Si vous avez plus de 3 mauvaises réponses, relisez les chapitres 68 et 80 d'Écrire, parler.

Corrigé p. 125.

42 - QUELQUE, QUEL QUE

Quelque ? quelques ? quel que ? quels que ?

1. Elle a . . . . quatre-vingts ans.

2. Il y a . . . . mois que je ne l'ai vue.

3. . . . . puissants qu'ils soient, ils n'en sont pas moins, eux aussi, dans la demande.

4. Les enfants . . . . soient, d'où qu'ils viennent, ont droit au bonheur.

5. . . . . efforts que vous fassiez, vous ne m'arriverez jamais à la cheville !

6. Ce sont . . . . livres que je vous ai apportés.

7. . . . . fussent leurs rancœurs, ces soldats n'auraient jamais dû se laisser aller à ces comportements que la morale réprouve.

8. Ces gens, ... soient, me sont antipathiques.

9. Les . . . . rapides que j'ai descendus en kayak m'ont ôté à jamais le goût du risque.

10. Il ne faut pas que vous les grondiez, ... insolents et désobéissants qu'ils aient pu être.

11. Les . . . . fois où je l'ai rencontrée, elle était immuablement en jeans.

Corrigé p. 126.

---

43 - **RELATIFS**

A l'aide de relatifs, vous relierez en une seule et même phrase dans l'espace laissé libre les paires de phrases qui vous sont proposées. Vous aurez parfois, en utilisant des relatifs différents et sans altérer le sens des phrases de départ, plusieurs possibilités : ces cas sont signalés.

Ainsi :

a. J'ouvre la porte.
b. Cette porte est rouillée.

offre, avec l'adjonction d'un relatif, à la fois :
a. + b. = J'ouvre la porte qui est rouillée.
a. + b. = La porte que j'ouvre est rouillée.

Mais :

a. J'ai des souvenirs de mon enfance.
b. Ces souvenirs sont heureux.

n'offre que :
a. + b. = Les souvenirs que j'ai de mon enfance sont heureux.

Car :
a. + b. = J'ai des souvenirs de mon enfance qui sont heureux sous-entendrait : et d'autres qui ne le sont pas.

Par contre :

a. + b. = J'ai, de mon enfance, des souvenirs qui sont heureux n'altère en rien les sens de a et de b.

Au-delà donc de la grammaire, c'est à des **signes** (cf. le n° 22 d'**Écrire, parler**) que celui qui énonce fait appel, afin d'être compris comme il l'entend. (☎ : le ton ; ✐ : la ponctuation).

A vous de saisir ces nuances.

1. **a.** Le mur est haut. **b.** Je grimpe sur lui.

....

2. **a.** Je me souviens de certains de mes camarades.
   b. Ces camarades n'habitent plus la France.

   1. ....

   2. ....

3. **a.** Je connais une chanson. **b.** Le refrain de cette chanson m'obsède.

....

4. **a.** Je passe mes vacances à la campagne. **b.** Cette campagne est souriante.

   1. ....

   2. ....

5. **a.** Je parle à un homme. **b.** Cet homme est incapable de me comprendre.

   1. ....

   2. ....

6. **a.** Je me rappelle mes vacances. **b.** Ces vacances se passèrent en Crète.

....

7. **a.** Procure-moi un livre. **b.** J'ai besoin de ce livre.

....

8. **a.** Il y a des éléments responsables dans l'intelligentsia.
   b. Je m'adresse à eux.

   1. Les éléments responsables..

   2. C'est aux éléments...

9. **a.** Je m'occupe de vieillards. **b.** Personne ne veut de ces vieillards.

....

10. **a.** Vous butez sur quelque chose. **b.** Ce quelque chose nous intéresse.

    1. ....

    2. ....

11. **a.** Donnez-moi ces pâtés. **b.** Je suis friand de ces pâtés.

....

12. **a.** Tu penses à quelque chose. **b.** Dis-moi.

....

13. **a.** La mer est déchaînée. **b.** Je m'y baigne.

....

14. **a.** Elle regarde la fête. **b.** Il n'y a plus personne à la fête.

....

15. **a.** Nous tenions à nos idées. **b.** Nous nous sommes battus pour elles. **c.** Ces idées étaient enfantines.

    1. ....

    2. ....

16. **a.** Vous vous exposez à quelque chose. **b.** Ce quelque chose est dangereux.

    1. ....

    2. ....

17. **a.** Je te parle du frère de Pierre. **b.** Pierre est architecte.

    1. C'est du frère de ....

18. **a.** Je m'adresse à vous. **b.** Vous êtes compétent.

    1. ....

    2. C'est à vous ....

    3. C'est vous, ...

Des réponses suivantes,
lesquelles cocherez-vous comme bonnes ?

19. Vous allez à Plougastel ? ☐ C'est là dont je viens
☐ C'est d'où je viens
☐ C'est de là où je viens
☐ C'est là d'où je viens
☐ C'est de là que je viens
☐ C'est là où je vais
☐ C'est là que je vais

Corrigé p. 127.

---

44 - STYLE INDIRECT

Cet extrait est la transcription, en style direct, d'un passage de Changer la vie, de Jean Guéhenno (Éditions Grasset).

Essayez de retrouver le texte initial.

...Il me consola paternellement. (...)
Votre mère est si travailleuse ! Ah ! la vie est dure, les affaires difficiles, la concurrence effrénée. Mais on s'en tire toujours avec de la volonté. Moi-même, d'où est-ce que je viens ? Je suis né dans une cour de ferme... mais j'ai été opiniâtre. Vous pouvez avoir le même avenir que moi. Quant à cette « augmentation », je suis désolé, mais elle est impossible. Tout se sait. Que diraient vos camarades plus anciens que vous dans l'usine ? Soyez un peu patient. Mon devoir à moi est d'être juste. J'aurais souhaité, bien sûr, « augmenter » tout le monde. Mais les prix de revient ne le permettent pas. Il faut pouvoir vendre. Vous ne vous rendez pas compte... Mais ma confiance en vous est telle qu'à la prochaine saison je vous prendrai près de moi, justement pour établir les prix de revient. Un sou oublié peut être la ruine. Et moi, c'est que j'ai charge d'âmes ! tous ces hommes, toutes ces femmes qui vivent de mon entreprise... On verra plus tard peut-être, quand les affaires seront moins dures...

Corrigé p. 128.

45 - **SUBJONCTIF**

Vous compléterez ces phrases.
Nécessitent-elles toujours le subjonctif ?

1. **a.** Nous savons qu'il ment. **b.** Cela ne nous empêche pas de l'aimer.

    Que nous...

2. **a.** Nous cueillerons les poires avant la Saint-Jean. **b.** Il le faut.

    Il faut que nous..

3. Écoutez-moi sinon il me faudra sévir.

    Écoutez-moi avant qu'il...

4. Je te donne rendez-vous après la fin de la guerre.

    Je te donne rendez-vous après que la guerre...................

5. Il était temps ! Cela ne fait aucun doute.

    Qu'il..

6. **a.** Il fait beau. **b.** Supposons-le.

    Supposons..

7. **a.** J'ai souvent du retard. **b.** Malgré cela le directeur m'a à la bonne.

    Bien que...

8. **a.** Il vaut cher sur le marché de la formation. **b.** Cela est inadmissible.

    Il est inadmissible...

9. Nous serons riches à la fin de l'année, cela est impératif.

    Il est impératif que...

10. **a.** Tu le veux ou non. **b.** Je m'en désintéresse.

    Que tu...

Conjuguez, dans les phrases qui suivent, avoir ou être au subjonctif.

11. Il se pourrait qu'il .... soif après tout ce qu'il a mangé comme sel.

12. Qu'il .... peur, cela ne faisait aucun doute, étant donné les cris qu'il poussait et que nous entendîmes avec effroi.

13. Qu'il .... peur, cela ne fait aucun doute.

14. Je crains qu'il ne .... déjà arrivé.

15. Je craignais qu'il ne .... déjà arrivé.

16. Pourvu que tu .... pris ton sac ! Tous mes papiers y sont.

17. Il se pourrait que j'....... de la chance aujourd'hui ; c'est en tout cas ce que prédit mon horoscope.

18. .... vous le roi ou le pape, je ne m'inclinerais pas pour autant devant vous.

19. Tu aurais dû la prévenir, afin qu'elle ne .... pas trop déçue.

20. Que vous .... bon ou mauvais, la terre continue de tourner !

*...Et aurez-vous été bon au point de ne compter que 2 fautes au maximum ? Relisez cependant les chapitres 80 et 89 d'***Écrire, parler.**

Mettrez-vous tous ces infinitifs, dans les lignes qui leur correspondent, au subjonctif ?

Nous pouvons aisément remarquer à quel point les enfants d'aujourd'hui s'expriment avec aisance, pour peu que nous .... de les comparer aux jeunes d'autrefois. La contrepartie, assurément, est que l'écriture ne représente plus maintenant le mode privilégié d'expression qu'il a pu être par le passé. Si nous craignons qu'elle n'....... plus, comme auparavant, ses lettres de noblesse, nous devrions nous pencher un peu plus

(essayer)

(avoir)

(durer)   sur les causes de cette désaffection, afin qu'elle
ne .... plus trop. Mais est-ce encore temps ?
Nous aurions certainement dû tenter depuis bien
longtemps une revalorisation de la lecture et de
(être)   l'écriture afin qu'il ne .... point trop tard. A
(être)   supposer qu'il .... encore temps, il nous faudrait remanier de fond en comble tous les modes
qui véhiculent l'information. Mais ce système
(images, publicité, audiovisuel) est tel, et profite à
tant d'industries, qu'il apparaît comme un travail
de Titan de tenter une quelconque machine ar-
(faire)   rière. Quoi que l'on .... aujourd'hui, l'image
semble tellement valorisée, comparée à l'écri-
ture, qu'elle s'impose sans cesse à nous, malgré
(avoir)   nous. Et quoique les nostalgiques du livre ....
des arguments qu'il est difficile de contrer, leur
petit nombre les rend peu dangereux pour les
défenseurs des techniques modernes. Il faudrait
(se   peut-être que nous .... un peu plus de toutes
méfier)   ces sophistications qui, au nom d'une information
à consommer, nous éloignent souvent du plaisir
du texte.

Corrigé p. 129.

46 - SUFFIXES

En **-age**, en **-ition**, en **-ment**, en **-ure**, en **-aison** ou en **ation** ?
Le doute parfois s'installe, d'autant que certains mots
admettent plusieurs suffixes. Leur sens est alors différent.
Saurez-vous cocher les bonnes cases ?
(Plusieurs contextes autorisés pour un seul mot).

1. Battage au fléau   ☐
        de l'or   ☐
        des artères   ☐
        publicitaire   ☐
        d'un tapis   ☐

2. Battement des cils ☐
   d'une porte ☐
   du blé ☐
   du cœur ☐
   de dix minutes ☐

3. Abattage fiscal ☐
   d'un arbre ☐
   moral ☐
   physique ☐
   d'orateur ☐

4. Abattement d'un bœuf ☐
   d'impôt ☐
   physique ☐
   moral ☐
   d'un leader ☐

5. Serrage de frein ☐
   de cœur ☐

6. Serrement de gorge ☐
   d'écrou ☐

7. Transfert de prisonnier ☐
   de fonds ☐
   de sentiment ☐

8. Transfèrement de propriété ☐
   de population ☐
   de forçats ☐

9. Nettoyage d'un port ☐
   d'une façade ☐
   d'un vêtement ☐
   du sol ☐

10. Nettoiement d'une place forte ☐
    d'un fleuve ☐
    d'une ville ☐

Et maintenant, quels suffixes attribueriez-vous aux infinitifs suivants ?

11. polir : ....   15. maintenir : ....

12. laver : ....   16. licencier : ....

13. finir : ....   17. intensifier : ....

14. neutraliser : ....   18. élever : ....

19. cliver : ....
20. ensabler : ....
21. paver : ....
22. meurtrir : ....
23. enjamber : ....
24. aborder : ....
25. déborder : ....
26. couper : ....
27. recouper : ....

28. découper : ....
29. démontrer : ....
30. hâler : ....
31. haleter : ....
32. allaiter : ....
33. priver : ....
34. parer : ....
(au sens de « orner »)

Corrigé p. 131.

47 - **SUPERLATIF ET COMPARATIF**

Corrigez, parmi les phrases ci-dessous, celles qui vous semblent incorrectes :

1. Il se prenait pour le plus immortel des hommes.

2. Les danses de Monpou sont, d'une manière générale, dans un ton plus mineur que ses autres morceaux pour piano.

3. Avec cette voiture, les risques de dérapage sont réduits au maximum.

4. Croyez-moi : c'est là le plus suprême ris de veau aux morilles que j'aie jamais mangé !

5. Dans les situations les plus désespérées, les cas les plus ultimes, ce général, reconnaissons-le, savait faire face.

6. Ils ont attaqué à l'ouest de la ville, sur le flanc le plus extérieur de la colline.

7. Il donne une dizaine de représentations par an, au grand maximum.

Corrigé p. 133.

48 - **TEMPS**

Saurez-vous trouver les locutions
ou conjonctions de temps qui manquent
dans les phrases ci-après ?

1. .... nous viendrons dans cette maison, nous la considérerons comme nôtre et essaierons de l'arranger.

2. .... son oncle arrivait, c'était pour lui la promesse renouvelée de cadeaux éblouissants.

3. .... l'heure avançait, son inquiétude augmentait.

4. .... les troupes de libération furent-elles arrivées que la foule en liesse les acclama.

5. Soyez à l'heure pour assurer la relève : je devrai partir .... vous arriverez.

6. Étrange revirement : .... il l'eut méprisée, il découvrait en elle un être fin et spirituel.

7. ☎ .... vous y êtes, prenez-moi aussi deux places.

8. .... son père devint malade, elle décida elle aussi, contre toute attente, de garder la chambre.

9. .... il est parti, je me sens bien seul.

10. Je resterai .... vous arriviez.

Corrigé p. 134.

49 - **TOUT**

Cochez les bonnes formuies.

1. En tout cas ☐   2. De tout temps ☐
   En tous cas ☐   De tous temps ☐

3. En tout temps ☐   ☐ 12. En toute lettre ☐
   En tous temps ☐   En toutes lettres ☐

4. Dans tout les cas ☐   ☐ 13. En tout genre ☐
   Dans tous les cas ☐   En tous genres ☐

5. A tout moment ☐   ☐ 14 En tout sens ☐
   A tous moments ☐   En tous sens ☐

6. Envers et contre tout ☐   ☐ 15. De toute façon ☐
   Envers et contre tous ☐   De toutes façons ☐

7. A tout hasard ☐   ☐ 16. De tout côté ☐
   A tous hasards ☐   De tous côtés ☐

8. De toute part ☐   ☐ 17. Toute proportion gardée ☐
   De toutes parts ☐   Toutes proportions gardées ☐

9. De toute les façons ☐   ☐ 18. De toute sorte ☐
   De toutes les façons ☐   De toutes sortes ☐

10. En tout lieu ☐   ☐ 19. A tout propos ☐
    En tous lieux ☐   A tous propos ☐

11. A toute heure ☐   ☐ 20. Tout deux ☐
    A toutes heures ☐   Tous deux ☐

Complétez les phrases ci-dessous :

21.22. Je suis . . . . yeux . . . . oreilles.

23. Elles étaient . . . . émues.

24. . . . . les hommes sont mortels.

25. . . . . arrangeante qu'elle veuille bien être.

26.27. . . . . sonates, ... trios de Mozart m'enchantent.

28.29. Les garçons . . . . petits sont moins éveillés que les
. . . . petites filles.

30.31. Je suis . . . . feu . . . . flamme.

32.33. Avant . . . . , appelle-moi ; . . . . les jours s'il le faut.

34. Quand elle joue, elle est . . . . à son piano.

35. Ce n'est pas . . . . de se révolter, encore faut-il être à
la hauteur de ses exigences.

36. Je suis ...... attendrie par cet être délicieux qu'est ma grand-mère.

37. En ...... bien ...... honneur.

38. C'est une ...... autre personne que j'avais connue.

39. ...... autre personne que moi vous dira la même chose.

40. Les chèvrefeuilles sont ...... en fleur.

41. Je t'aime passionnément et suis ...... à toi. Signé : Clémentine.

42. Recevez mon amical soutien. ...... à vous. Signé : Raphaële.

43. ...... agression abaisse aussi celui qui la commet.

44. Nous sommes ...... dans notre tort.

45. ...... ces gens-là m'agacent.

Corrigé p. 134.

50 - **TRAIT D'UNION**

Tous les mots ci-dessous ont été — lorsqu'ils en ont un — dépouillés de leur trait d'union.

Rétablissez-le, s'il y a lieu, et indiquez entre parenthèses les pluriels sur ce modèle :

haut-parleur (—s) **ci-après**
garde-malade (s.s.) **porte-à-faux** (inv.)

1. par ci, par là
2. chef d'œuvre
3. tout à fait
4. château fort
5. donnez nous en
6. cache pot
7. garde barrière
8. arc en ciel
9. laissez passer
10. gagne petit
11. tout à coup
12. peut être
13. passe partout
14. grand père
15. faites le
16. timbre poste
17. abat jour
18. pomme de terre
19. porte plume
20. une heure et demie
21. est ce que ?
22. pied à terre

23. hôtel de ville
24. hôtel Dieu
25. directeur adjoint
26. métro Notre Dame
   des Champs
27. celui ci
28. porte documents
29. c'est à dire
30. non paiement
31. cache nez
32. les trois quarts de vingt deux
33. cette femme ci
34. de ci, de là
35. trait d'union
36. vingt et un
37. Moyen Age
38. vingt sept
39. porte parole
40. nouveau né
41. garde meuble
42. fin de non recevoir
43. demi heure
44. la Sainte Bible
45. moi même
46. garde barrière
47. garde manger
48. cache cache
49. porte monnaie
50. garde chasse
51. un ci devant
52. plate bande
53. rue de la Montagne
   Sainte Geneviève
54. président directeur général
55. au dessus
56. au dessus de
57. là dessous
58. par dessous
59. en dessous
60. là haut

Si vous obtenez 50 et (plus) réponses justes (trait d'union et pluriel corrects pour chaque mot), vous êtes d'une force hors concours.

*En dessous de ce score, un coup d'œil au tableau du chapitre 96 d'**Écrire, parler** ne pourra que vous faire du bien.*

Corrigé p. 136.

■ RÉCRÉATION

Jeu des 46 erreurs

Soulignez les formes fautives

Je suis très furieuse après vous. A peine arrivée à l'aréoport, j'ai téléphoné et demandé après vous, comme si rien n'était. Il s'en est guère fallu d'une minute. En tous cas, vous veniez de sortir et cela ne solutionnait pas mes problèmes. Comment est-ce que je résolverais tous mes ennuis ? Je me suis posée la question tout en me promenant au hasard dans les rues. J'ai regardé de loin en loin les inventaires des bouquinistes, les boutiques qui affichent toutes des soldes vraiment exceptionnelles. Dans la conjecture actuelle, on n'est pas sans ignorer qu'il n'y a pas de petits profits. Et, quant à moi, je ne suis pas du genre à faire des dépenses somptuaires. Cela m'a d'ailleurs toujours stupéfaite, de voir les folies vestimentaires que vous faisiez. Vous êtes femme à laisser des arres exhorbitants et à ne même plus, ensuite, vous soucier de vos achats. Moi, je me fais forte d'être raisonnable et d'être un peu plus compréhensible à l'égard de mon mari qui est au chômage cette année. Bien qu'il soit gradé de l'Université, la crise économique l'a touché lui aussi, et nous avons en conséquence convenu, lui et moi, de compresser un peu nos dépenses, en attendant qu'une affaire un peu conséquente fasse rentrer de l'argent dans nos caisses, de façon à ce qu'on puisse alors rembourser nos dettes.

Bien que j'ai davantage d'avantages que vous, je ne rabas pas les oreilles des gens avec mes privilèges. Et seul le fait que j'ai retrouvé la vue me rend parfaitement enthousiaste.

Si j'étais de vous, je m'arrêterais de jouer les troublions, ce qui m'éviterait par la même occasion de me faire agoniser d'insultes.

Je vous fais la morale : il est vrai que j'ai été dans un état de colère rarissime et que vous l'avez échappée belle : si je vous avais trouvée, je vous aurais peut-être gifflée !...

Vous ai-je dit que j'avais une petite fille, née il y a une semaine, et joliment et gaiement prénommée Marie ? Elle va très bien, hormis une vilaine irruption de boutons sur le visage qui, selon le pédiatre, sont une acné du nouveau-né, appelée un érysipèle. Elle a l'œil bleu et le cheveu noir comme du geai. Je m'offrirai de la garder dès sa sortie de clinique. D'ici lundi, j'aurai le temps de m'organiser. Mon fils est un peu bohème, mais ce n'est pas de sa faute ; il est complètement dans la suggestion par rapport à sa femme, qui est une véritable peste, et il sait mal la juguler...

Je vais m'arrêter de médire. En outre de cela, je suis en retard et il faut que je pars, rapport à tout le travail qui m'attend.

Écrivez-moi, de manière à ce que je reçoive votre lettre avant mon prochain départ en Italie.

P.S. Je suis actuellement dans l'appartement à mon fils, pensez-y pour l'adresse.

Corrigé p. 137.

Corrigés

ABRÉVIATIONS (page 9)

1. **M. Martin** (n'abrégez pas un adjectif numéral dans le cours d'un texte).

2. **3ᵉ.** (l'abréviation est permise sur une pancarte).

3. **3 kg 217 g, mais un homme de science n'admettrait que 3,217 kg**

4. **le Dr Noël** (permis ailleurs que dans les salutations)
   — **Bonjour Docteur !...**
   — **Mais ce serait à moi, cher maître...**
      rétorqua ce brave Dr Noël !

5. **S.A.R. Baudouin Iᵉʳ ... Son Altesse Royale est bien bonne** (abréviation uniquement si le titre est suivi du nom).

6. **Le souverain pontife...** (pas d'abréviation).

7. **Mlle Rose... Essuyez vos pieds, s.v.p. et sachez... au 2ᵉ coup de sonnette.**

Ad libitum	ad lib.
Et cetera	etc.
Confer	cf.
Nota bene	n.b.
Post-scriptum	P.-S.
Id est	i.e.
Ibidem	ibid.

ACCENTS (page 10)

De 1 à 10 :

événement	déjeuner	ça va	grâce
avènement	pèlerinage	idiome	
nous céderons	çà et là	j'ai dû	

De 11 à 20 :
pôle
gracieux
poêle
vraiment
chapitre
opération
pâtisserie
croître
crûment
bateau

De 21 à 30 :
moelle
zone
traître
fantôme
gnome
entraîner
fraîche

chaîne
boiteux
allégement
De 31 à 40 :
toit
cime
connaître
aiguë
extrême
extrémité
assener
allégrement
coteau
pêcheur
De 41 à 50 :
psychiatre
faire le jeûne
ciguë
boîte

naïve
huître
Noël
repérage
pâlir
chômage
De 51 à 60 :
il crée
hôpital
quête
accéder
accès
précisément
bien sûr
mystère
naître
naissance

61. **cru.** (part. passé du verbe **croire**)
62. **cru.** (nom)
63. **cru.** (nom)
64. **crû.** (part. passé du verbe **croître**)
65. **à cru.** (à cru : locution adverbiale à partir de l'adjectif **cru**)
66.68. **Dû.** (Le participe passé de **devoir** prend toujours un accent circonflexe, sauf bien sûr au pluriel et au féminin.)
67. **Dû.**
69. **due.**
70. **dus.**

ACCORDS (page 11)

1. Ni Pierre ni Paul **n'est** mon mari (le fait ne peut se rapporter aux deux sujets à la fois → singulier) et ni l'un ni l'autre ne **sont** (ou **n'est**) curieux de le devenir (accord du verbe facultatif).

2. Plus d'un soldat **est** mort à cette guerre (**Plus d'un** suivi d'un singulier, gouverne le singulier).

3. Un des jurés qui **sont** là est à récuser. (Les jurés sont tous présents, mais **un** parmi **eux** ne fait pas l'affaire. Si le premier verbe prenait le singulier, il faudrait alors écrire : **celui** des jurés qui est là est à révoquer).

4. Un des défauts des hommes qui **est** à combattre : la grossièreté. (Seul cas où **Un des... qui** commande le singulier : quand il peut être remplacé par **celui**).

5. La moitié de ces légumes **sont** à jeter. (Il s'agit d'une moitié approximative → pluriel. Le singulier signifierait que chaque légume est à garder (et à jeter) à moitié...)

6. Plus d'une parmi les femmes présentes **sont** à photographier... (**plus d'un** suivi d'un nom au pluriel demande le verbe au pluriel).

7. Moins de deux trains **passent** dans une journée à cette gare. (**Moins de deux** exige le pluriel).

8. Plus d'un voleur se **bernent** l'un l'autre. (Bien que **plus d'un** soit suivi d'un nom singulier, le verbe se met au pluriel, car il exprime une réciprocité).

9. Peu de nomades **ignorent** les vertus de l'eau (Dénombrable → pluriel).

10. Peu de monde **passe** par cette rue (Non dénombrable → singulier).

11. Cette exposition ne marche pas fort, si l'on en juge par le peu de gens qui la **visite**. (Quand **le peu** de signifie « le petit nombre de », le verbe reste au singulier).

12. Le peu d'attentions que vous me manifestez **m'attriste** profondément (Même explication).

13. Le peu de choses qu'il sait ne **l'empêchent** pourtant pas d'être sûr de lui. (Quand **le peu de** signifie « les quelques », le verbe s'accorde avec le nom qui suit « le peu de »).

14. La plupart des gens **orthographient** mal mon nom. (Substantif au pluriel → verbe au pluriel).

15. La plupart du temps se **passe** chez eux en disputes. (Nom au singulier → verbe au singulier).

16. On vote : la moitié des élèves de la classe **proteste**…
(Le nombre est exact : c'est la moitié du nombre des élèves
→ singulier).

17. La moitié au moins des candidats présents **contestent**
les résultats. (Nombre approximatif → accord avec le nom
qui suit « la moitié de »).

18.19.20. Les **ENT** sont ici de bon ton, mais les singuliers sont
aussi permis. Donc, peu import**ent**, viv**ent** et soi**ent** ; mais
ne comptez pas de faute si vous avez écrit : peu import**e**,
viv**e** et soi**t**.

Qui l'emporte ?

21. Les délais et la finition du travail, qui ne sont plus jamais
respectés. (Le masculin l'emporte…)
22. Ni vous ni moi ne **savons** exactement… (La première
personne l'emporte sur la seconde).
23. Toi et tes enfants **devriez** améliorer vos relations. (La
seconde personne l'emporte sur la troisième).
24. Lui et toi **avez** la même personnalité. (idem).
25. Toi et moi **n'avons** qu'un problème… (cf. 22).
26. En **ton** âme et conscience… (Imposé par l'usage).
27. Les jeunes gens et les jeunes filles sont **nombreux**…
(cf. 21).
28. La totalité des arbres de l'avenue **a** été **élaguée.** (Le
verbe est au singulier quand le collectif est précédé de
l'article défini), et cet ensemble de moignons me fend le
cœur. (**idem** quand le collectif est précédé d'un démonstra-
tif).
29. Une foule de femmes se **pressait** ou se **pressaient**…
(Selon que l'on veut insister sur l'idée de **foule** ou l'idée de
femmes).
30. Une quantité d'arbres **fut déracinée** ou **furent déra-
cinés**… **(Idem).**

Quelques chiffres…

31. Cent vingt
32. Deux cent quarante et un
33. Vingt-deux
34. Mille quatre-vingts

35. Quatre-vingt-dix-huit
36. Deux mille deux cents
37. Vingt-trois mille sept cent quatre-vingt-quatre
38. Six millions deux cent mille quatre cent vingt
39. Quatre-vingt mille
40. Deux cent vingt milliards trois cent quatre-vingts[1] millions sept cent vingt mille quatre-vingt-deux francs

1) **Million** et **milliard** sont des substantifs.

Quelques couleurs...

41. Ses yeux sont **noisette** (Nom pris adjectivement qui permet de sous-entendre « de la couleur de » : invariable... Ainsi, 88 adjectifs simples de couleur sont invariables...), mais peuvent devenir **verts** (accord logique adjectif-nom).

42. Les façades **roses, pourpres** et **mauves**... (Écarlate, fauve, incarnat, mauve, pourpre et rose : bien que noms, ces six mots sont considérés comme adjectifs et demandent l'accord).

43. Ces fonds **bleu ciel** (les composés d'une couleur et d'un nom de chose sont invariables et s'écrivent sans trait d'union) ont des **bleus ciel** (...sauf s'ils sont employés comme nom...) étonnants.

44. Ces fonds **bleu-vert** ont des **bleu-vert** étonnants. (Les composés de deux couleurs, nom ou adjectif, sont invariables et demandent le trait d'union).

45. Je n'écris depuis toujours qu'à l'encre **bleu noirâtre.** (Si un adjectif modifie la couleur, l'ensemble reste invariable).

Quelques exercices plus faciles...

46. 47. 48. 49. (Quand **chaque, tout, nul, aucun** est répété, on n'accorde le verbe qu'avec le dernier sujet. Donc ici : **a - a - peut - pouvait**).

ADVERBES (page 14)

En MENT

véhémentement	poliment	bougrement
présentement	nullement	aisément[1]
gentiment	aucunement	assidûment
vraiment	agressivement	bellement
indûment	inlassablement	plaintivement
vachement	obstinément[1]	crûment
éperdument	habituellement	généralement
bêtement	ingénieusement	prestement
ingénument	spirituellement	
calmement	distinctement	

En EMMENT

impudemment	incidemment	inconsciemment
prudemment	imprudemment	
consciemment	évidemment	

En AMMENT

puissamment	précipitamment	étonnamment
plaisamment	savamment	couramment
incessamment	pesamment	

En ÉMENT

impunément	profondément	obscurément
commodément	uniformément	
immensément	confusément	

1. Avez-vous bien mis ces mots ici et non dans la 4ᵉ colonne ? En effet, le radical n'y est pas altéré.

51. Naguère signifie **il y a peu de temps.**
52. J'habite **face à** l'église.
    J'habite **en face de** l'église. (Les deux sont corrects).
53. Je reviens **tout de suite.**
54. J'ai cousu trois robes de suite signifie j'ai cousu **d'affilée** (ou **à la file**).
55. **Plus tôt** il viendra, mieux cela vaudra !
56. Tu devrais faire de vrais repas, **plutôt** que de grignoter sans cesse !

57. Avec elle, pas de tergiversations : **aussitôt** dit, **aussitôt** fait !

58. Je ne me lève jamais **plus tôt** que lui : il est vrai que j'aime **plutôt** la vie nocturne.

59. Si tu m'appelles, je viendrai **aussitôt**, le **plus tôt** que je pourrai.

60.61.62. Avez-vous su déjouer le piège ? Si **quelque** est ici **adverbe** (comme il vous l'est dit dans la consigne), il reste donc invariable : **quelque**, donc, dans les trois phrases.

63. J'arrive de trop bonne heure.

64. Il travaille trop.

65. J'ai compté dix francs de trop.

J'ai compté dix francs en trop. (Les deux sont corrects).

-ANT OU -ENT ? (page 17)

1. Les **affluents** (noms) de la Garonne.

2. Les discours **convergents** (adj. verbal) de nos interlocuteurs.

3.4. Il s'agit **d'affluents** (nom) **convergeant** (part. présent) vers l'embouchure.

5. Il vit **d'expédients** (nom).

6. Mon directeur est un personnage **influent** (adj. verbal).

7. Le sommeil **influant** (part. présent) sur la santé, il est bon de dormir.

8. Ne pas être trop **exigeant** (ici adj., mais adj. ou participe, **exigeant** prend toujours un a).

9.10. Quoique **exigeant** (participe, cf. 8) beaucoup, je sais aussi être **arrangeant** (adj.)

11. Un sculpteur **excellent** (adj. verbal).

12. Un sculpteur **excellant** (part. présent) à reproduire la ressemblance de ses modèles.

13.14.15. **Adhérant** (part. présent) à cette coopérative, vous aurez, en plus des avantages réservés à nos **adhérents** (nom), priorité pour vous inscrire aux stages réservés jusqu'alors aux **résidents** (nom) de notre cité.

16. **Négligeant** (part. présent) ses enfants depuis toujours, il pouvait s'attendre à ces déplorables résultats scolaires.

17.18. Notre **président** *(nom)*, **négligeant** *(idem. 16)* beaucoup trop les relations avec le personnel, risque fort de ne pas voir son mandat renouvelé.

19. Tu es trop **négligent** *(adj. verbal)* dans ta mise...

20. **Présidant** *(part. présent)* pour la première fois un congrès...

Verbes en -guer et -quer

invariables	**variables**
participe présent	*adj. verbal, nom*
communiquant	suffocant
suffoquant	vacant
fatiguant	extravagant
fabriquant	fatigant
naviguant	intrigant
équivalant	fabricant
provoquant	provocant
intriguant	précédent
précédant	compétent
obligeant	équivalent
	obligeant *(jamais sans a, comme exigeant)*

Cet exercice aura été, nous l'espérons, **convaincant...**

APPOSITIONS *(page 19)*

On pouvait, par exemple, dire :

Ne ratez pas la réunion **d'**information qu'organise le département **qui s'occupe des** (ou **spécialisé dans les**) vacances, dans le cadre de la campagne que nous lançons **pour la culture** et les loisirs. Cette journée **consacrée au public** vous permettra de prendre connaissance de toutes les propositions **prestigieuses** que nous vous offrons.

- notre formule **de** luxe : croisière **et** repos, week-end **de** relaxation, séjours **en** mer **ou en** montagne dans des appartements **de** grand standing...

- notre formule « Robinson » : voyages **à** l'aventure, randonnées **à cheval,** location de voitures conçues **pour** tous **les** terrains (assurance **couvrant de nombreux** risques comprise dans les prix proposés), circuits menant exclusivement par des itinéraires « bison futé » (ou **recommandés par**).

- notre formule **consacrée** à l'artisanat **et à** la communication : stage **de** peinture, stage **de** tissage, session **centrée** sur l'expression (ou **d'**), projections **de** diapositives. (**Tarif forfaitaire pour les** étudiants.)

- notre formule **pour le** troisième âge : séjour en résidence **à** quatre étoiles avec **de** multiples activités : conférences **avec** débats (ou **suivies de**), soirées **de** bridge, etc. Pour de plus amples informations, vous pouvez aussi passer à notre guichet **de** renseignements, où il reste quelques bulletins **d'**adhésion. Faites vite !

1. Une secrétaire **à** mi-temps.
2. Notre service **des** exportations aimerait s'attacher les services d'une attachée de presse **indépendante** (ou **qui travaille à son compte,** ou **qui travaille en free lance**)...
3. Soldes à notre rayon **de** littérature...
4. Opération « coup de balai » : solde de la collection **de** l'automne et **de** l'hiver 1981 : manteaux **pour** toutes les saisons, robes **en** lainage **à** col officier, rayon **pour** grandes tailles, etc.
5. Passage **pour** piétons.
6. Consignes **en cas** d'incendie.
7. Entrée **pour les** livraisons.
8. Il reste à vendre... trois studios, **avec un** coin **pour la** cuisine, **ayant** tout le confort.
9. Compte **des** clients.
10. Nous discuterons de tout cela **en faisant une pause agrémentée** d'un café (pour boire un café).
11. Avez-vous essayé notre ligne (**gamme** serait mieux dit...) **de produits** pour « l'après rasage »... Et notre moquette spécialement **conçue pour des lieux publics** ?
12. Notre planning **de** fabrication pour le mois...
13. Avez-vous pris vos tickets **de** repas pour le mois ?

14. Lors des dernières négociations **à propos des** salaires
(ou **salariales**)...

Conclusions :
Ces formules manifestent moins le goût pour les vraies
métaphores (formule « Robinson », opération « coup de balai », col officier — qui est passé maintenant dans le langage
et qui au départ signifiait « comme celui des officiers »). Les
appositions ne sont donc pas, dans leur ensemble, des
apports d'images, mais bien des facilités de langage sans
grande expressivité et le plus souvent paresseuses.

ARCHAÏSMES (page 20)

*Tournures archaïques trop désuètes et recherchées, et
leurs équivalents pour un discours plus familier :*

Oyez : écoutez

Il ne me sied peut-être guère :
ça me va peut-être mal
Il ne m'appartient peut-être guère
Il ne me convient peut-être guère
etc.

Il appert : il est clair
           c'est clair, évident
           il ressort, etc.

Peu me chaut : peu m'importe
              je me moque, je me fiche,
              etc.

tombé dans le lacs : tombé dans le piège

eu égard à : en considérant
            en prenant en compte, en considération...

je ne laisse pas de : je n'arrête pas de.
Les autres expressions soulignées passent très bien dans un
discours de ce registre. Quant à leur sens, si vous l'ignorez,
reportez-vous à l'article *archaïsmes* d'**Écrire, parler,** Presses Pocket n° 2 071.

ARTICLES (page 21)

1. Passez-moi **le** beurre.
2. Donnez-moi **du** beurre (ou **un** beurre : sous-entendu, **paquet de**).
3. Il est **le** dépositaire d'Alfa-Roméo à Paris.
4. Il est professeur d'économie.
5. C'est **un** professeur d'économie.
6. Il est **le** spécialiste le plus réputé de l'art chinois en Europe.
7. Il est spécialiste d'art chinois.
8. C'est **un** grand ami.
9. C'est **le** frère aîné…
10. C'est **le** premier dimanche de mai…
11. C'est **un** dimanche de mai…
12. C'est **un** grand et blond athlète.
13. **Un** vieil et terrible avare…
14. **Les** 17e et 18e siècles.
15. Devoir, fidélité et obéissance.
16. **La** vengeance et **la** colère sont des plats… (mais on peut aussi supprimer les 2 articles).
17. Enfant je suis, enfant je reste.
18. N'aie crainte de me vexer…
19. Le jour de **la** Saint-Barthélemy…
20. De nombreux proverbes suppriment l'article :
Pierre qui roule n'amasse pas mousse.
Il ne faut pas confondre vitesse et précipitation.
Prudence est mère de sûreté.
Pauvreté n'est pas vice.
Etc.
   Les devises aussi :
Roi ne suis, prince ne daigne, etc.
   Enfin des locutions :
Été comme hiver, etc.

ATTRIBUT (page 22)

1. **C'est.** (L'automne et le printemps ne sont pas des attributs, mais des compléments de temps).

2. **C'est** ou **ce sont.** (Plusieurs noms, dont le premier élément est au singulier : singulier. Mais pluriel possible, commandé par **font**).

3. **C'était** ou **c'étaient** (ad libitum).

4. **Est.** (Mais on dira plutôt : sa chance, **ce sont** ses parents).

5. Cf. 3. Mais l'usage ici imposerait plutôt le pluriel.

6. **C'est.** (Toujours singulier dans l'expression « c'est nous »).

7. **Ce sont.** (Plusieurs noms cf. 2. Mais quand la phrase semble énumérer ou répondre à une question, on a le pluriel).

8. **Ce sera.** (Cf. 6.).

9. **Ce fut** ou **ce furent.** (Mais le singulier est plus courant).

10. Vous aussi l'**êtes.

11. L'air **rêveur.** (C'est son air qui l'est).

   L'air **rêveuse.** (C'est elle qui l'est : elle a l'air **(d'être)** rêveuse).

12. Cf. 11.

13. **Fanées.** (S'agissant de choses, avec le sens de sembler, on fait l'accord avec le sujet).

14. **Triste.** (C'est leur air qui l'est).

15. **Gai.** (Si le verbe « avoir l'air » est suivi d'une comparaison, l'accord se fait avec **air**).

■ RÉCRÉATION (page 24)

Jeu des 33 erreurs

Je me trouvais l'autre jour près **du** merveilleux obélisque de la Concorde. **Une** espèce de grand barbu tout **dégingandé**, à la peau diaphane et à l'air **fruste**, s'approche de moi en me tendant une **enveloppe**. Je ne sais pourquoi, **bien que** je ne sois pas facilement peureuse, les **pulsations** de mon cœur se sont accélérées : j'ai craint un **infarctus**. J'ai commencé à **l'agonir** d'insultes en lui lançant des apostrophes **ordurières**. Et je me suis sauvée. J'ai tant **couru** (« **à pied** » est inutile !) que je me suis retrouvée malade le lendemain, complètement aphone. Mon mari m'a **exhortée** à aller **chez l'oto-rhino**-laryn**golo**giste. Mais c'est un **soi-disant éminent** médecin dont les tarifs sont e**xor**bitants, et comme j'ai actuellement des problèmes pécu**niaires**, j'ai préféré **at**tendre. Mais au bout d'un certain temps, comme je souffrais le **martyre**, je me suis décidée **à** y aller. En cinq **sec**, le rendez-vous était pris. Ce **professeur** m'a si bien soignée que j'ai voulu le remercier : j'ai hésité entre un livre de psychan**alyse** (je sais qu'il s'int**ér**esse à cela) et une plante. **Le** prière d'insérer que j'ai lu au dos du livre ne m'a pas inspirée, aussi ai-je préfér**é** lui offrir **une** magnifique azalée.*

* J'ai mis **un** astérisque, mais je ne me souviens plus pourquoi.

BUT (page 25)

— Je prends des tranquillisants **(pour) (afin de)** dormir.
— D'importantes structures d'accueil sont mises en place **en vue des** prochains Jeux olympiques qui seront à Tokyo.
— Je prends mon parapluie **de crainte des** pluies fréquentes.
— Je débranche la sonnette **de crainte** qu'il **ne** vienne (subj.). (La phrase 2 n'a pas lieu d'être répétée puisque l'idée est reprise dans le subordonnant « de crainte que »).

CAUSE (page 26)

— Je ne sors jamais le soir **parce que** j'ai peur seule dans les rues.
— J'espère ne pas avoir à sortir demain, **d'autant plus qu'il** pleut tous les jours en ce moment.
— Je suis inquiet au sujet de Marie qui est très fatiguée : **c'est qu'**elle a trop tiré sur la corde cette année.
— Je ne suis pas content et vous le dis tout net, **non que** je veuille (subj.) vous gronder, **mais parce que** je ne sais taire ma rancune.
— Je n'ai aucune raison d'aller au cinéma **puisque** je n'aime pas le cinéma.

COMPARAISON (page 27)

1. Il a acheté une voiture **pareille** à la précédente, mais pas **pareille à la mienne.** (Ne jamais dire « pareil que »).
2. Le vin est d'une qualité bien **supérieure** (« plus supérieur » est incorrect, puisque **supérieur** est déjà un comparatif) **à celle** du vin que nous avions l'habitude de commander (cf. 1.)
3. Pas d'incorrection.
4. Le niveau du fleuve est inférieur (cf. bien supérieur, v. 2).
5. . . . . je vous les rends tels quels (Ne pas dire « tel que »).
6. Il est **plus** revêche **qu'**une . . . .
7. Elle pousse des cris **d'**orfraie (c'est-à-dire **comme** une orfraie).
8. . . . . **comme** de vaillants soldats.
9. Dans cette ville, il y a **autant** de restaurants chinois **que** de . . . ., mais **moins** de restaurants italiens **qu'**il y a dix ans.

CONCORDANCE
DES TEMPS (page 27)

1. Ils me téléphonèrent précisément au moment où **j'étais en train de déplorer** leur départ de France.

2. Étant donné les événements, je crains **d'avoir à** recommencer entièrement la prospection de ce marché.

3. Mon plus vif désir est que ces problèmes **soient** considérés comme résolus.

Ou : C'est mon plus vif désir **de voir** ces problèmes considérés comme résolus.

4. Quand j'étais à la direction du personnel, je fus toujours obéi : les employés **devaient arriver** à l'heure, et ils le faisaient.

Ou : ..... j'ordonnais aux employés **d'arriver** à l'heure.....

5. Même s'ils étaient mûrs, je n'en mangerais pas pour autant !

6. Ils appréciaient la peinture de la Renaissance, **mais** ils n'eurent **pourtant** guère ....

7. Il lui fallut beaucoup de courage **pour pouvoir** affronter cette épreuve.

8. Ils étaient les seuls à **pouvoir** ....

CONDITIONNEL
ET FUTUR (page 28)

1. Je vous **prierai**.
2. .... sinon je **prierais** pour toi.
3. Je vous **prierais** bien .... si ....
4. **Prierais**-tu quelqu'un .... ? C'est un conseil que je te demande.
5. **Prieras**-tu encore Léopold .... ? Je t'en conjure, cesse de te mésestimer.
6. **Aurais**-tu encore .... ? (= Se peut-il que tu aies encore ....).
7. Ils **auront** beau faire ...., je ne céderai pas.
8. **J'aurais** mauvaise conscience si je ne le soute**nais** pas ....
9. **J'aurai** mauvaise conscience si je refu**se** de l'aider.
10. **J'aurai** trop de bagages si je contin**ue** ....
11. 12. Excuse-moi : **J'aurai** sans doute mal lu .... Mais je l'**aurais** peut-être ....
13. **Serai**-je élu .... ?
14. .... **serais**-je devenu amnésique ?
15. Je **serai** ponctuel ...., c'est promis.
16. Je **serais** fou de l'écouter.
17. Je **serai** fou de cet enfant, je le sais d'avance.

CONSÉQUENCE (page 30)

1. Si l'on décompose les deux « moments » de la phrase que relie la locution de **manière à** (ou **que**), l'on obtient :

  A. Je l'ai poussé dans ses derniers retranchements.
  B. Je le sors de sa réserve.

B conséquence de A = Je l'ai poussé dans ses derniers retranchements **de manière qu'**il sorte de sa réserve.

Si, plus simplement, je remplace le subjonctif par un infinitif, le sujet des deux verbes doit rester le même. Ce qui donne :

  Je l'ai poussé .... de manière à **le** sortir .... (c'est moi qui le sors de sa réserve).

2. La formulation **de façon à ce que** s'entend fréquemment. Elle n'est cependant pas à recommander. Dire : J'ai mis tous les atouts de mon côté **de façon que** ma candidature ait quelque chance d'être retenue, ou **de façon à** avoir une candidature qui ait quelque chance d'être retenue.

3. Le fait n'est pas certain : **au cas où** ....
Le verbe qu'introduit le subordonnant **de telle sorte que** se met alors au subjonctif :

  Au cas où vous voudriez passer quelques jours nous voir, j'ai noté toutes nos coordonnées de telle sorte que vous **puissiez** (sous-entendu : si vous le voulez) nous trouver sans peine.

4. **De manière telle que.** (**De manière que** n'insisterait pas assez sur la violence du geste, seule responsable de la chute.)
De telle sorte que. (idem).
Si bien que.

5. .... de sorte que ....

6. .... si bien qu' ....

7. C'est pourquoi ....

8. Il aura donc ....

9. .... au point que ....

10. Pas de coordonnant. La simple juxtaposition, ici, suffit.

11. Aussi ....

COORDINATION (page 31)

1. Est-ce que je suis folle ou **est-ce** toi ?
(☎ Je suis folle ou c'est toi ?)

2. Après avoir fini les négociations, **et se sentant** l'esprit léger...

3. **A la fin de l'été,** elle leur servit à **dîner** un succulent cari.

4. Il visitait ...., discutait ...., puis les cuisines.
Il aurait fallu placer « les cuisines » avant « discutait », puis-que ce complément retombe sur « visitait » :
« il visitait les trois restaurants puis les cuisines pour voir le premier chef, discutait le menu du jour avec le maître d'hôtel. »

5. Il avait passé des vacances et **emprunté** (par exemple) des itinéraires...

6. A brûle-pourpoint, il s'adressa à eux... Pensez à ne pas coordonner deux valeurs trop différentes de la préposition comme dans « blessé à la cuisse et à Madagascar... »)

7. La politique lui semblait un jeu dangereux, et **à sa sœur** aussi...

8. Il attendait que le barman les eût servis et eût enlevé...
Il faut répéter l'auxiliaire puisque le premier est précédé de **les,** qui ne peut se répéter dans la deuxième proposition.
Seraient corrects par contre :
- Il attendit que le barman eût servi leurs consommations et enlevé ... (car **servir une consommation** et **enlever des verres** sont des constructions homogènes).
- Il attendit que le barman leur eût fait signe et enlevé leurs verres (car **leur eût** est alors le groupe « en facteur commun »).

9. Il avait été surpris par son assurance et **avait** cru un instant à sa sincérité (**Avait été** ne peut être « un facteur commun »).

10. A peine remis de maladie, **il trouva** (par exemple) le courrier entassé sur son bureau, **qui** était d'une abondance décourageante.

11. **Ni** le directeur **ni** le sous-directeur...

12. L'inflation et la récession économique ne sont pas des éléments rassurants **ni** réjouissants.

13. Nous garantissons nos produits cultivés sans engrais chimique **ni** pesticide de synthèse (**ou,** et **sans** sont admis).

DÉFECTIFS (page 32)

1. **clore :** Je clos, tu clos, il clôt, ils closent. Je clorai, nous clorons. Je clorais, nous clorions, clos. Que je close, que nous closions, closant.
Et formes des temps composés.

2. **gésir :** à l'infinitif, au présent et à l'imparfait de l'indicatif, et au participe présent.

3. **apparoir :** à l'infinitif et à la 3ᵉ personne du présent de l'indicatif : il appert

4. **promouvoir :** à l'infinitif et aux temps composés.

5. **transir :** au présent de l'indicatif, aux temps composés, à l'infinitif.

6. **occire :** à l'infinitif et aux temps composés.

7. **frire :** à l'infinitif et au participe passé surtout.
Sinon, s'emploie à l'infinitif précédé du verbe faire conjugué.

8. **choir :** à l'infinitif, précédé de faire, et au participe passé (chu). Sinon, ◊

9. **quérir :** infinitif simplement, après les verbes envoyer, aller, faire...

10. **absoudre :** j'absous, tu absous, il absout, nous absolvons, vous absolvez, ils absolvent. J'absolvais, nous absolvions. J'absoudrai, nous absoudrons. Que j'absolve, que nous absolvions, absolvant. Absous, absoute.

11. **ouïr :** Oyez. ouï. (ouï - dire. inv.)

12. **chaloir :** (Dans des expressions impersonnelles) Peu me chaut. ◊ Non qu'il m'en chaille !

Mots de même racine :

2. **gésir :** gîte, gîter, gisement, gisant.

3. **apparoir :** apparaître et tous ses dérivés.

4. **promouvoir :** promotion, promoteur.

5. **transir :** transi, transitif, transitoire.

6. **occire :** occis, occident, occasion.

7. **frire :** friture, fricassée, fricandeau, frite, fricot, fric, fricoter.

8. **choir :** chute, caduc, caduque.

9. **quérir :** quête, quêter, question, questionner, enquête, requête, s'enquérir, inquisition.

10. **absoudre :** absolution, absolu, absoute.

11. **ouïr :** ouï, ouïes (du poisson).

12. **chaloir :** nonchalance, nonchalant, chaland, achalandé.

DÉMONSTRATIFS (page 33)

1. Elle a deux filles, une qui a seize ans, la seconde qui va en avoir onze. **Celle-ci** (celle de onze ans, la plus proche dans la phrase) pousse sans problème, alors que **celle-là** est une adolescente véritablement révoltée.

2. Je n'arrive pas à me souvenir du nom du cinéaste qui a fait, selon moi, le meilleur péplum : **celui-ci** (le pronom personnel ne peut désigner ici que le cinéaste) dure six heures... Voyez-vous **ce** que je veux dire ?

3. **Celui** qui cherche...

4. Il me faut faire ma valise rapidement pour partir en vacances : **Ceci** m'enchante si **cela** m'ennuie.

5. ☎ Mais par écrit, nous dirons par exemple : ce qu'est la vieillesse !

6. **Ce** disant...

7. Peut se dire, et s'écrire. La nuance est alors d'ironie, de critique, ou de tendresse.

8. Il y a peu de points communs entre mes goûts et **ceux** de mon frère.

ENGOUEMENTS (page 33)

Deux amis se rencontrent :

Le premier : Dis-moi un peu, mon vieux, où tu en es ? Ton divorce ne **t'inquiète** pas trop, on dirait. Comment **vis**-tu tout cela, dis-moi ?

Le second : **C'est vrai. Sur le plan affectif,** je suis plus ou moins arrivé à un accord. (**Si tu veux,** est purement et simplement à supprimer). Je me suis senti très impliqué au départ. Et puis j'ai **pris conscience** que Marie cherchait à **créer chez moi** un sentiment de culpabilité et j'ai alors décidé de **m'intéresser** plus aux enfants et **d'être plus proche** de la réalité. Ce n'est pas facile d'assumer le rôle de père, mais, en un certain sens, c'est **moins éloigné de la vie,** et, **dans les faits,** j'ai amélioré la relation avec les mômes et je m'accroche.

Le premier : Ben dis-moi, c'est bien tout ça. Mais au fond, quel est **ton but ?**

Le second : Oh ! je **n'ai pas de but bien précis.** Cela me **renforce** simplement dans l'idée que **l'accord** parents-enfants est peut-être encore la seule chose **satisfaisante** aujourd'hui ! Et toi, qu'est-ce que tu deviens ?

Le premier : Oh ! tu sais, je mène toujours une vie très tranquille, **dans ma vie de famille,** je veux dire. Sinon, **sur le plan** professionnel, ça va. On a bien voulu me **reconnaître les compétences** pour obtenir la direction du département « publicité ». Et ça, ça **m'intéresse.** Il y a vraiment un ensemble **d'informations** à **transmettre,** et comme je **suis** beaucoup sur le terrain, je reste **en contact avec** la réalité. **Les effets** sont immédiatement sensibles dans ce domaine, **tu sais,** et je m'implique suffisamment pour m'épanouir.

Le second : Et quel est le **public** auquel tu t'adresses ?

Le premier : Il est difficile à cerner. Mais **on peut dire** que c'est le consommateur moyen des grandes villes, Paris **par exemple.**

Mon but est **d'empêcher** l'afflux de ces messages **pour** « grand public » qui en fait ne sont pas **opératoires,** et d'essayer de **définir plus précisément les catégories du public à toucher.** Les résultats sont alors plus **sûrs** et les **modèles** d'enquêtes **de base** sont d'une taille **qui les rend plus faciles à maîtriser.** C'est un **point de vue** qui en vaut un autre. Mais je me **passionne** pour cela. Tiens, j'essaie en ce moment de **lancer** une opération **audacieuse.** Ça me donne **énormément** de travail, mais **pour ce qui est de** la satisfaction, **l'intérêt** que j'y porte n'est pas **inutile.**

ÉNONCIATIONS (page 35)

Les réponses apportées ici ne sont données qu'à titre de modèles. Il va de soi qu'elles ne sont pas les seules possibles.

1. ☛ Si vous deviez aller à Saint-Lazare, quel chemin prendriez-vous ?

2. RESP. Rappelez-moi quelle est votre profession.

3. ☎ On a repris les négociations, et il faut espérer qu'on va trouver une solution à la guerre du Moyen-Orient.

4. FAM. D'accord, tu as eu des ennuis et c'est peut-être pour ça que tu es si bas. Mais écoute, franchement, ta branche n'est pas aussi touchée par la crise que la mienne !

5. RESP. Combien votre voiture consomme-t-elle au kilomètre ?

6. ☎ Je ne comprends rien au fonctionnement de ce couple. Là où je pensais que ça marcherait, c'est la catastrophe. Je me sens vraiment très loin et très différent d'eux.

7. FAM. Tu sais si on a déjà les charters pour San Francisco cet été ?

8. ☛ Sais-tu ce que m'a dit sa sœur ?
Je te laisse deviner... mais je parierais que tu ne trouveras pas !

FAIRE (page 37)

1. .... je **n'entreprendrai** rien sans vous consulter.
2. Ne la **rendez** pas plus méchante ....
3. ☎ Mais qu'est-ce qu'il **fabrique ?** ....
4. ☞ Où ai-je bien pu **mettre** mes clés ?
5. ☎ Quel métier **exercez**-vous dans la vie ?
   A quoi vous **occupez**-vous dans la vie ?
   — Je **prépare** les Beaux-Arts, et parallèlement je **suis** une licence d'arts plastiques à la Fac.
6. ☎ Pourquoi je **boude** ? .... Ce sinistre individu a beaucoup **gagné** sur mon dos, mais ne m'en a jamais **fait** profiter .... Je vous **laisse** juge.
7. Le monde passe son temps à **instaurer** des lois ....
8. .... j'estime même qu'il a bien **agi.**
9. C'est un terrain à **produire (récolter, cultiver, semer)** du seigle.
10. Il **étudie** le violoncelle ....
    Il **joue** du violoncelle ....

FUTUR (page 38)

1. Je ferai
2. Je cueillerai
3. Je mettrai
4. Je mourrai
5. Je capturerai
6. J'absoudrai
7. Je verrai
8. Je pourvoirai
9. J'entreverrai
10. Je résoudrai
11. Je nourrirai
12. Je permettrai
13. J'aérerai
14. J'exclurai
15. Je pourrai
16. Je coudrai
17. Je courrai
18. Je céderai
19. Je conclurai
20. Je m'assiérai
    ou Je m'assoirai
21. Je tordrai
22. Je maintiendrai
23. Je pourrirai
24. Je vendrai
25. J'abattrai
26. Je vêtirai
27. Je parviendrai
28. Je moudrai
29. Je mentirai
30. J'ourdirai
31. J'irai
32. Je graduerai
33. Je haïrai
34. Je boirai
35. Je surseoirai

■ RÉCRÉATION (page 38)

Jeu d'erreurs

2 erreurs...

1. **crûment** prend un û.
   tel quel, telle quelle, tels quels, telles quelles, selon le cas (et non tel que) ou bien il faudrait dire : **tel, telle, tels, telles que vous êtes.**

Phrases incorrectes :

2. Vous **contredisez** toujours mes positions en politique et vous cherchez toujours, devant des tiers, **à** m'humilier, mais je vois clair dans votre jeu.

3. Vous **incluriez** (inclure, et non incluer !) ces frais **sur** la facture que je ne trouver**ais** rien à redire !

4. — Parmi les spécialistes qui **sont** réunis ici...
   ou bien : parmi vous, spécialistes qui êtes réunis ici...
   — Les **éminentes** recherches

7 erreurs...

5. **Mlle** Martin (et non Melle Martin)
   Le professeur de français (et non la professeur. Le nom étant masculin, l'article est masculin.)

6. **acception** (= signification, sens) et non **acceptation,** qui, pour le coup, n'a aucun sens ici...
   ◊ **Malgré qu'on en ait,** (cf. *Archaïsmes* dans **Écrire, parler**) est une tournure désuète et recherchée — mais correcte — qui signifie « en dépit de la mauvaise volonté qu'on a »...

7. J'ai confiance dans la personne qui...
   (**En** vous. Mais **dans** si un relatif suit)

8. En face **de** chez moi.

9. « Démarre » est un anglicisme (cf. chapitre 7 d'**Écrire, parler**), si on l'emploie transitivement. Ayant ce sens figuré, le verbe ne peut être employé qu'intransitivement.

10. C'est juste à côté de { **la coordonnerie** / **chez le coordonnier**

GÉRONDIF (page 39)

1. En voulant aller trop vite, je me suis trompée.
2. A + B est impossible. (Sujets différents).
3. Les sujets de A (leur groupe) et de B (Ils) sont différents grammaticalement mais recouvrent les mêmes personnes.
   A + B est possible :
   En donnant plus de cent représentations, ils (ou leur groupe) ont (ou a) acquis une certaine notoriété.
4. A + B est impossible.
5. En cherchant à faire le bien autour de soi, on se fait souvent taper sur les doigts.
6. A + B est impossible.
7. Les deux phrases à relier doivent avoir même sujet.

HOMONYMES (page 40)

1. *plain* : De plain-pied ; plain-chant.
   plein : « rempli ».
   plains : Je te plains.
   plaint : Il me plaint ; je l'ai plaint.

2. *cuir* : Une sacoche de cuir.
   cuire : J'ai fait cuire le fricot.

3. *conteur* : C'est un conteur africain fabuleux.
   compteur : Mon compteur kilométrique est détraqué.

4. *mari* : C'est mon mari.
   maries : Tu te maries.
   marri : « contrarié, attristé ».

5. *plainte* : « gémissement ».
   plinthe : J'ai peint, dans ma chambre, la porte et les plinthes en bleu.

6. *porc* : « cochon ».
   pore : Je bois le soleil par tous les pores de ma peau.
   port : Le port du Havre.

7. *différant :* En différant son départ, il arrangeait bien des choses.
   différend : Ce différend entre nous dure depuis deux ans.
   différent : Il est très différent de moi.

8. *dégoûter :* « écœurer ».
   dégoutter : « couler goutte à goutte ».

9. *reine :* La reine Victoria.
   rêne : Tiens bon les rênes !
   renne : La viande de renne, fumée, est un régal.

10. *défais :* Défais tes valises !
    défait : Il défait tout ce que je construis.
    défet : Je passe à l'imprimerie chercher des défets.

11. *péché :* Les sept péchés capitaux.
    pécher : J'essaierai, mon père, de ne plus pécher.
    pêcher$_1$: Les pêchers sont en fleur.
    pêcher$_2$: C'est mon oncle qui m'a appris à pêcher la baleine.

12. *vair :* La pantoufle de vair de Cendrillon.
    ver : Ver de terre amoureux d'une étoile.
    verre : Ces verres à vin datent du XVIIIe siècle.
    vers$_1$: Vers où te diriges-tu ?
    vers$_2$: J'aime traduire les vers de Virgile.
    vert : Un chapeau vert, d'un vert soutenu.
       « Ils sont trop verts, dit-il, et bons pour des goujats... »

13. *pair$_1$:* La Chambre des pairs. Elle travaille au pair.
    pair$_2$: Je joue noir et pair.
    paire : Une paire de mocassins.
    perd : Il perd gros au jeu.
    perds : Je perds la notion du temps.
    père : Mon père, ce héros au sourire si doux...
    pers : Une belle rousse aux yeux pers...

14. *fond :* Le fond de mon cœur.
    fonds$_1$: Cet enfant a bon fonds. Un bon fonds de librairie.
    fonds$_2$: Je fonds d'attendrissement devant ce visage d'ange.
    font : Ainsi font, font, font les petites marionnettes...
    fonts : J'ai tenu cet enfant sur les fonts baptismaux.

15. *foi :* } Pensons à la comptine : il était une **fois** une
    foie : } marchande de **foie** dans la ville de **Foix** :
    fois : } elle me dit : « ma **foi**, c'est la première
    fois... ».

16. *détoner :* « faire explosion ».
    détonner : « chanter ou jouer faux ».

17. *bailler :* Vous me la baillez belle !
    bâiller : A vous faire bâiller d'ennui !
    bayer : Bayer aux corneilles.

18. *bau :* « poutre ».
    baud : « unité de vitesse dans les transmissions télégra-phiques ».
    baux : Des baux commerciaux.
    beau : Mon dieu qu'il est beau !
    bot : Pied bot.

19. *cèle :* Je ne vous cèle point qu'il m'en coûtera d'accep-ter !
    celle : celui/celle.
    scelle : Je scelle, en trinquant avec vous, notre amitié.
    sel : Passe-moi le sel, Marcel !
    selle : En selle, joyeuse troupe !

20. *barbu :* J'ai un faible pour les barbus...
    barbue : Je prendrais bien une barbue à l'oseille.

IMPÉRATIF (page 42)

1. **Sois** assuré…
2. **Sache** bien ceci…
3. **Accepte** en conséquence…
4. **Promets-le-moi.**
5. **Sache** que j'admire…
6. **Donne-m'en** un peu…
7. **Vas-y** de ma part…
8. **Réclame** une facture…
9. **Profites-en** pour prendre…
10. **Prends-m'en** quelques-uns…
11. **Envoie-les-moi** en même temps…
12. **Veuille** le ciel…
13. **Daigne** accepter mes amitiés…

Treize impératifs, donc, étaient à revoir…

INDÉFINIS (page 43)

1. **Quelque** difficulté que j'aie…
2. A **chaque** match…
3. () … **qui** travaillant à la conception, **qui** surveillant…
4. **Quiconque** fera du mal…
5. () **Maint** indice en faisait…
6. J'en ai rencontré **plusieurs** qui…
7. () **Tel** qu'en lui-même…
8. Le **même** disque.
9. () **Nul** (ou **aucun**) être au monde ne m'est plus cher qu'elle.
10. ☞ J'ai visité **certain** petit coin…
11. () Trouvez-vous **quelque** mal à cela ?
12. () Le programme offrait **diverses** possibilités. (**divers** souligne plus le choix que **différents**).
13. **Différentes** ou ☞ **diverses** raisons l'avaient conduit…

INTERROGATIONS (page 45)

Notre jugement

A

☎	2	Comment vous avez trouvé le chemin ?
✂	3	Comment que vous avez trouvé le chemin ?
✂	3	C'est comment que vous avez fait pour trouver le chemin ?
	1	Comment avez-vous trouvé le chemin ?

B

✂	3	J'ai dit quoi, déjà ?
	2	Qu'est-ce que j'ai dit, déjà ?
	1	Qu'ai-je dit, déjà ?

C

☛	1	Le condamnerez-vous pour cela ?
	2	Allez-vous le condamner pour cela ?
✂	5	Vous allez le condamner pour cela ?
		(Suppose une exclamation, et non une interrogation)
☎	4	C'est pour cela que vous allez le condamner ?
	3	Est-ce que vous allez le condamner pour cela ?

D

☎	3	Vous vous couchez tout de suite ?
	1	Vous coucherez-vous tout de suite ?
	2	Est-ce que vous vous couchez tout de suite ?
☎	4	C'est tout de suite que vous vous couchez ?

E

☎	3	Est-ce que je vais me tirer de ce guêpier ?
	1	Vais-je me tirer de ce guêpier ?
✂	2	Je vais-t-y me tirer de ce guêpier ?
☛	1	Me tirerai-je de ce guêpier ?

F	☎ 3	J'ai dit : tu viens ? Il n'a rien répondu.
	☎ 3	J'ai dit : viens-tu ? Il n'a rien répondu.
	☎ 3	J'ai dit : est-ce que tu viens ? Il n'a rien répondu.

G	1	Gaspar t'a plu ?
	☎ 2	Il t'a plu Gaspar ?
	☎ 2	Est-ce qu'il t'a plu Gaspar ?
	✎ 1	Gaspar t'a-t-il plu ?
	✂ 3	Il t'a-t-y plu Gaspar ?

LATIN (page 46)

Je n'ai jamais su me défendre. **A fortiori** contre les gens de mauvaise foi. **A posteriori**, évidemment, je trouve mille parades .... c'est le **hic** !

Je me console en m'apercevant que si je ne suis pas **persona grata, stricto sensu,** auprès des .... je ne suis pas non plus, **ipso facto, persona non grata** dans .... disons que, **grosso modo,** notre **modus vivendi** est .... Et si je ne suis pas le **nec plus ultra** des bourgeois que je côtoie, ... je me suis vraiment fait, moi, **ex nihilo.**

Hic et nunc, ... ma vie, lu **in extenso,** .... et je peux, **ex abrupto,** affirmer ....

Vous me direz que ce discours — un peu **ex cathedra** — .... est un discours **ad hoc.**

Ad libitum.

Pour ma part ....

Dixi.

MAJUSCULES (page 48)

Ministère de l'Éducation nationale
Service de la comptabilité
Bureau n° 36.

Benoît Chalandard,
Sous-chef comptable
à...................................

      Monsieur le Directeur,

M. Schmoll, chef du service de la comptabilité au ministère de l'Éducation nationale, m'a suggéré de vous écrire pour...

M. Derive, professeur honoraire au lycée Louis-le-Grand ...

Bien que m'étant rendu, comme prévu, à la réunion générale d'informations qu'organisait le Bureau d'aide sociale de la Ville de Poitiers, je n'ai pu avoir d'audience auprès du secrétaire général chargé des relations publiques, M. Faucher.

Aussi aimerais-je obtenir, par l'intermédiaire de Monsieur le secrétaire-trésorier adjoint, l'assurance...

Le président de l'Association des parents d'élèves de la Vienne nous a...

Bien que je ne fusse pas... à notre bureau, j'ai cependant répondu au président que... Sachant par ailleurs les problèmes que la fermeture de l'école secondaire Saint-Jean-Baptiste-de-La-Salle, établissement... fondé par saint Jean-Baptiste de La Salle...

Espérons que Son Éminence Monseigneur le cardinal-archevêque de Poitiers (à qui j'ai pris la précaution d'envoyer une caisse de saint-émilion)...

... je vous prie de croire, Monsieur le Directeur, ...

Le Sous-chef comptable,
Benoît Chalandard.

MÊME (page 49)

1. **Même** les représentants . . . .
2. Les représentants
   même (= aussi cf. 1.) ignoraient . . . .
   mêmes (= eux-mêmes)
3. Avec les **mêmes** ingrédients . . . . qui n'ont pas **les mêmes** . . . . (ou **même** goût et **même** aspect.)
4. Nous viendrons **nous-mêmes** . . . .
5. Ses gémissements et ses pleurs **mêmes** *ou* **même** (cf. 2.) m'irritaient.
6. Ses gémissements et **même** ses tendresses . . . .
7. Les acteurs observeront la règle et les cinéastes **même**. (Si le sens était **eux-mêmes,** on l'aurait écrit ainsi).
8. **Même** au mieux de leur forme . . . .
9. Leurs choix **mêmes** . . . .
10. Leurs décisions, leurs choix **même** (= même leur choix) . . . .

NÉGATION (page 50)

1. Je n'ai pas reçu votre colis ce matin.
2. Je ne tolère ni vos incartades ni votre insolence.
3. Sans nouveaux ...., je ne pourrai faire tourner l'affaire.
4. Ni à Paris ni à Rome, je ne me sens chez moi.
5. Ne me donne pas ton numéro, je ne t'appellerai pas.
6. Ne vous sentez pas les plus forts : vous ne l'êtes pas.
7. Il ne s'en est pas sorti aussi bien que je (**ne** facultatif) l'avais prévu.
8. Il ne s'en est pas sorti mieux que je (**ne** facultatif) l'avais prévu.
9. Je suis incapable de pardonner à qui me ment et à qui me laisse dans le désarroi.
10. Sans ton aide, je crains de ne pas réussir.
11. ☎ De crainte qu'il tombe ....
    Mais ☞ De crainte qu'il **ne** tombe.
12. **Peut se dire.**
13. Ce que j'ai fait, aucun animal **ne** l'aurait fait.
14. .... il y a un an que je **ne** l'ai vu. *(Sans **ne**, la phrase est correcte, mais insiste sur la rencontre).*
15. J'ai peur que tu **ne** prennes .... (cf. 11.)
16. Qu'est-ce qu'il **n'**avait pas dit là !
17. Je **ne** lui parle guère ....
18. .... On **n'**y voit goutte !
19. .... Je **n'**ai rien dit de tel.
20. Nul **ne** pourra ....

PARTICIPE-ADJECTIF
OU PARTICIPE PASSÉ (page 51)

Étant donné *(invariable s'il est placé avant le nom auquel il se rapporte)* les froids qu'il a fait *(verbe impersonnel → pas d'accord)* cette année, nous ne sommes guère sortis *(aux. être : accord avec le sujet)* de chez nous. Nous ne nous sommes absentés *(pronominal : accord avec le sujet)* que lorsqu'il s'est agi d'aller se réchauffer au soleil.

Nous avons alors retrouvé *(C.O.D. placé après → pas d'accord)* des amis qui nous ont plu *(pas de C.O.D. plaire à qui ?)* et nous ont réjouis *(ont réjoui qui ? — nous : C.O.D. placé avant → accord)*.

Nous sommes allés *(aux. être : accord avec le sujet)* avec eux au théâtre. Les acteurs que j'ai vus jouer *(part. passé suivi d'un infinitif. Le C.O.D. fait l'action exprimée par l'infinitif : ce sont les acteurs qui jouent → accord)* étaient excellents. Je les ai entendu applaudir. *(part. passé suivi d'un infinitif. Le C.O.D. ne fait pas l'action. Ce ne sont pas les acteurs qui applaudissent → pas d'accord)* comme jamais. Ils nous ont fait pleurer de rire. *(Part. passé « fait » suivi d'un infinitif → toujours invariable)*. La pièce que j'ai vu jouer était un chef-d'œuvre. *(Ce n'est pas la pièce qui joue → pas d'accord)*.

Nous nous sommes amusés *(pronominal → accord avec sujet)* et ce séjour nous a satisfaits *(aux. avoir. satisfait qui ? — nous : C.O.D. placé avant → accord)*, plu *(pas de C.O.D. : plaire est intransitif → pas d'accord)*, enchantés *(comme satisfaits)*, et réconfortés *(idem)*.

Nous sommes rentrés *(aux. être → accord avec sujet)* à la maison où nous avons retrouvé d'autres amis *(Retrouvé qui ? C.O.D. placé après → pas d'accord)*. Ils nous avaient préparé une petite fête *(C.O.D. placé après)*. Les petits cadeaux improvisés qu'ils nous ont offerts *(offert quoi ? → des cadeaux. C.O.D. placé avant : accord)* nous ont ravis *(ravi qui ? nous → accord)*.

PASSÉ (page 52)

1. ☎ **J'ai marché** ....
2. ➡ Il **marcha**
3. Avant ma maladie, je **marchais** ....
4. **J'ai** beaucoup **marché** ....
5. Enfant, je **marchais** beaucoup ....
6. ☎ .... il ne **voulait** que me faire peur. Mais je ne **l'ai compris** ....
7. Il **voulut** .... et il y **réussit.**
8. Quand j'étais enfant, je **voulais** .... et j'y **réussissais.**
9. ☎ Hier, il **a voulu** .... et il y **a réussi.**
10. ➡ Toute la journée d'hier, je **voulus** travailler, mais je n'y **réussis** point. (Naturellement, le passé composé est possible ! Cependant, le romancier préférera sans doute ce passé simple, surtout s'il s'assortit d'une 3ᵉ personne - il.)
11. ☎ Hier, **j'ai voulu** t'appeler, mais je **n'ai pas réussi** à avoir une minute à moi.
12. ☎ **Je me suis marié,** mon frère avait juste dix ans.
13. ➡ Je me mariai quand mon frère avait dix ans. (Même remarque qu'en 10 : **il se maria quand son frère avait** ....)
14. En mars 72 .... ? Je me **mariais** juste.

■ RÉCRÉATION (page 53)

Jeu des 17 erreurs

1. Je ne **me le** rappelle plus bien.
2. Éviter **réaliser** au sens de **se représenter** qui est un anglicisme.

3. En face **de** chez moi.
4. **achalandée** signifie **qui a beaucoup de clients** (et non beaucoup de marchandise).
5. **une espèce de.**
6. Prendre à **partie.**
7. **a** priori.
8. **un** autographe. Ajoutons qu'on ne dédicace pas un autographe, mais un livre ; on donne un autographe...
9. **vous** dédicacer .... **qu'on** veut. (ou bien **vous** tout au long de la phrase, ou bien : **on**).
10. Occasion à **saisir** (et non à profiter, puisqu'on profite **de**).
11. **et pareils à** ceux de ....
12. En **tout** cas.
13. **inclination**
14. **dilemme**
15. **soit** .... **soit** .... ou alors : **ou** .... **ou**
16. Étant don**né** (ne s'accorde que placé après le nom auquel il se rapporte).
17. **rémunéré.**

PASSIF (page 54)

ACTIF	PASSIF
1. a franchi	1. Le col de Murs a été franchi par Van Ecken
2. utilise	2. L'armée est utilisée par ce général à des fins partisanes
3. a trompés et (a) déçus	3. Nous avons été trompés et déçus par lui
4. **rentre** est actif mais non transitif ici	4. **Pas de passif possible**

5. bat

5. Tous les matins sa femme est battue par lui **(le passif est possible, mais gauche donc déconseillé).**

6. dérange

6. Je suis dérangé par la radio de ma voisine **(le passif est meilleur et plus naturel).**

7. chanter

7. **Impossible : l'infinitif ne connaît pas de passif dans cet emploi.**

8. (quelqu'un chantait la Traviata)

8. **Impossible : l'infinitif a déjà un sens passif ici.**

9. atténuaient

9. Les bruits de la rue étaient atténués par de lourdes tentures.

10. (se dissout est un pronominal).

10. **Les pronominaux n'ont pas de forme passive.**

11. boudera

11. Le projet sera boudé par l'opposition.

12. abrutit (attention : **m'abrutit** n'est pas un pronominal).

12. Je suis abruti par l'air des montagnes.

13. dessèche

13. La peau se dessèche au soleil **(un pronominal peut servir de passif).**

14. attirait

14. Je n'étais en rien attirée par son corps d'athlète.

15. **rouler** n'est pas transitif, et le nombre de kilomètres n'est pas complément d'objet.

15. **Impossible.**

16. ont versé

16. Combien de larmes ont-elles été versées par eux ! **(la formule exclamative est très gauche au passif, mais le questionnement l'admet fort bien : ne pas répéter le sujet.** Ex : Combien de traites ont été refusées par la banque ?).

PERSONNELS (pronoms) (page 55)

1. oui, je pense souvent à **elle** *(une personne).*
2. oui, **j'y** songe *(une chose).*
3. oui, **nous en** parlons souvent entre nous *(en = de* cette chose).
4. oui, **nous leur** parlons beaucoup *(leur = à eux).*
5. oui, **nous** discutons souvent avec **eux** *(avec* ne peut se supprimer).
6. oui, **elle** va souvent chez **eux** *(chez* ne peut être omis ; y serait possible, mais signifierait « dans leur maison »).
7. oui, **nous y** voyons clair *(une chose).*
8. oui, **ils en** mangent beaucoup *(du riz).*
9. oui, **nous en** avons *(de l'argent).*
10. oui, **je te** l'ai dit *(dire* est un verbe transitif). *Remarque générale :* le dialogue modifie la nature des pronoms sujets.
11. Pour étudier cette ethnie, il faut **la** connaître, **en** apprendre la langue, **en** comprendre profondément les mœurs.
12. Elle était laide et **lui** beau.
13. Que le ciel soit toujours clément pour **vous** (ou **toi**), mon jeune ami !
14. La première fois, je crus **en** mourir.
15. Chacun pensait à part **soi** : qu'il s'en aille !
16. Ce sont des objets qui sont beaux en **soi.**
17. Cet homme, c'est le démon **lui-même,** (soi-même ☞)
18. **Lui-même** pensait comme elle, mais il ne voulait pas le reconnaître.
19. Prête-le-moi *(soyez attentif à l'ordre des pronoms personnels).*
20. Ne la leur restitue pas *(il s'agissait d'un féminin : **réclamée ;** voyez aussi l'ordre des pronoms dans la phrase négative à l'impératif).*

PONCTUATION (page 56)

LE SOIR DE NOËL

Le vingt-quatre décembre, l'accès à la pièce centrale et surtout au salon attenant avait été strictement interdit depuis le matin aux enfants du conseiller de médecine Stahlbaum. Fritz et Marie étaient recroquevillés l'un près de l'autre dans un coin de la pièce du fond ; la nuit était tombée et ils commençaient à frissonner car, selon l'usage en ce jour-là, on n'avait pas apporté de lumière. Fritz, dans un chuchotement, révélait en grand mystère à sa jeune sœur (elle venait d'avoir sept ans) qu'il avait entendu depuis l'aube, dans les pièces condamnées, des bruissements, des tintements, des coups sourds et légers, qu'il venait de voir un petit homme noir traverser furtivement le corridor avec une grande boîte sous le bras, et que c'était sans aucun doute leur parrain Drosselmeier. Alors Marie, battant joyeusement de ses petites mains, s'écria :

— Oh ! je voudrais tant savoir ce que notre parrain Drosselmeier a pu nous faire de beau !

M. Drosselmeier, conseiller à la Cour d'appel, était loin d'être un bel homme ; il était petit et chétif, avec un visage tout ridé ; il portait sur l'œil droit un large bandeau noir et n'avait pas un seul cheveu, ce qui l'obligeait à mettre une très belle perruque blanche, laquelle était en verre et habilement travaillée. Le parrain était d'ailleurs, lui aussi, fort habile ; il possédait à la perfection l'art de l'horlogerie et aucune pendule n'avait de secret pour lui. Aussi, quand chez les Stahlbaum une de ces magnifiques mécaniques tombait malade et ne voulait plus chanter, le parrain Drosselmeier venait à la maison, enlevait sa perruque de verre, retirait sa petite redingote jaune, nouait autour de sa taille un tablier bleu et fouillait dans la pendule avec des instruments pointus. La petite Marie souffrait à ce spectacle ; cependant la pendule ne semblait pas s'en plaindre ; au contraire, elle reprenait vie et se mettait bientôt à ronronner gaiement, à battre, à chanter, et tous en éprouvaient beaucoup de joie. A chaque visite, il avait dans sa poche quelque surprise pour les enfants ; tantôt c'était un petit bonhomme qui tournait les yeux et faisait des compliments, ce qui était bien drôle à voir, tantôt un petit oiseau qui sortait d'une boîte en sautillant, ou toute autre curiosité de ce genre. Mais pour Noël il avait coutume de fabriquer quelque ingénieuse merveille qui lui coûtait beaucoup de peine et que, pour cette raison, les parents mettaient soigneusement de côté dès que les enfants l'avaient reçue.

LES CADEAUX

J'en appelle à toi, ami lecteur, et à toi cher auditeur, Fritz, Theodor ou Ernst, peu importe ton nom, et je te demande d'évoquer le plus nettement possible la dernière table de Noël que tu aies vue, richement garnie de cadeaux magnifiques ; tu imagineras sans peine le ravissement muet des enfants qui contemplaient ce spectacle, les yeux brillants. Au bout de quelques instants, Marie s'écria enfin avec un profond soupir :

— Oh ! que c'est beau ! que c'est beau !

Casse-Noisette et le Roi des rats

POSSESSIFS (page 58)

1. Les métiers ont **leurs** blasons comme les localités ont **les leurs** (ou **le leur**).

2. .... la **mienne** semble neuve, et la **sienne** hors d'usage.

3. Ayez l'humilité de reconnaître que **notre** équipe a été supérieure à **la vôtre.**

4. .... **sa** main tremblait dans **la mienne.**

5. Ces livres .... tu peux les faire **tiens.**

Les « défectueux »	*Les corrects*	
la votre	siens	le tien
les leures	siennes	la leur
les notres	nôtres	tiens
notres	la tienne	tien
	les siennes	un mien
	la sienne	votre
	les miens	

ADJECTIFS	PRONOMS
mon, ma, mes, ton	le mien, le tien, le sien
ta, tes, son, sa, ses,	le nôtre, le vôtre, le leur
notre, votre, nos, vos,	la mienne, la tienne, la sienne
leur, leurs	la nôtre, la vôtre, la leur
mien (s), mienne (s)	les miens, les miennes
tien (s), tienne (s)	les tiens, les tiennes
sien (s), sienne (s)	les siens, les siennes
	les nôtres, les vôtres, les leurs

PRÉPOSITIONS (page 60)

1. Je n'ai pas confiance en elle ☒
   Je n'ai pas confiance dans elle ☐
2. Je n'ai pas confiance en le travail de Martin ☐
   Je n'ai pas confiance dans le travail de Martin ☒
   *(On emploie « confiance **dans** » quand un article suit).*
3. Cette avenue a de beaux arbres ☒
   Cette avenue a des beaux arbres ☐
4. Pour pallier cet inconvénient ☒
   Pour pallier à cet inconvénient ☐
   pallier : *v. transitif.*
5. Une ceinture de cuir ☒
   Une ceinture en cuir ☒
   Une ceinture cuir ☐
6. J'ai écrit à Jean et Jo ☐
   J'ai écrit à Jean et à Jo ☒
   *(La préposition se répète devant chaque nom, excepté si « **Jean et Jo** » est une raison sociale...)*
7. En Charente-Maritime ☐
   Dans la Charente-Maritime ☒
8. En Seine-et-Marne ☒
   Dans la Seine-et-Marne ☐
   *(parce qu'il y a la coordination **et**).*
9. En Auvergne ☒
   Dans l'Auvergne ☐
   (parce que c'est une région).
10. Il est descendu en face l'hôtel ☐
    Il est descendu face à l'hôtel ☒
    Il est descendu en face de l'hôtel ☒
11. Sa boutique est face à l'église ☒
    Sa boutique est en face l'église ☐
12. J'ai appris à lire et compter tôt ☐
    J'ai appris à lire et à compter tôt ☒
13. Un livre à 200 francs ☒
    *(**à**, dans ce contexte, est légèrement connoté péjorativement).*
    Un livre de 200 francs ☒

14. Je m'épuise à des efforts inutiles ☐
    Je m'épuise en efforts inutiles ☒
    Je m'épuise à l'aider ☒
15. Je me base sur cela pour... ☐
    ☎ *(forme refusée par les puristes)*
    ☛ Je me fonde sur cela pour... ☒
16. Laissons-les parler politique ☒
    Laissons-les parler de politique ☒
    (forme plus écrite et plus soutenue).
17. Malgrés les bruits je dors ☐
    Malgré les négociations, la guerre se poursuit ☒
    (Malgré ne prend jamais d's).
18. Je rêve à lui chaque nuit ☐
    Je rêve de lui chaque nuit ☒
    (On rêve de quelqu'un).
19. Je rêve un monde nouveau ☒
    ☽ *(= je forge en rêve).*
    Je rêve à un monde nouveau ☒
    au sens de : songer à, désirer
    Je rêve d'un monde nouveau ☒
    « convoiter » ou « méditer en souhaitant ».
20. Je me rappelle Marcel quand il était petit ☒
    se rappeler est transitif.
    Je me rappelle de Marcel quand il était petit ☐
    Je me souviens de Marcel quand il était petit ☒
    (se souvenir de)
21. Je l'ai prévenu **de façon qu'il** soit à l'heure (c'est la seule forme **écrite**, mais l'oral, plus relâché, intercale souvent **à ce** entre **façon** et **que**).
22. C'est un va-et-vient incessant = ça entre dans la boutique et ça **en** sort sans arrêt. (**Entrer dans,** et **sortir de**).
23. Je vais à pied **à** mon travail.
24. Je tiens **à** vous dire que nous ne ferons plus affaire ensemble.
25. Je tiens de mon père = son portrait craché. (Correct, quoique familier).
26. L'inactivité parfois peut peser : n'avoir à s'occuper **de** rien, **aucune occupation** est vite démoralisant. (On s'occupe **à**, ou **de**).
27. Je pars **pour** Nice demain, et, de là, **pour** l'Italie. (On va **à**, mais on **part pour**).
28. Je {**me le** rappelle / **m'en** souviens} : c'était samedi dernier.

29. J'ai quitté la réunion subrepticement, comme si de rien n'était. (Correct).

30. Je te pardonne, et **à lui** aussi je pardonne. Lui aussi, je **lui** pardonne. (**Te** = à toi. **Lui** = à lui).

31. Je voudrais un gâteau pour six **ou** sept personnes. (De vingt **à** trente personnes : quantité fractionnable).

32. Il **consent** facilement (☎ à ce) **qu'**on vienne sans prévenir :
d'autant plus que sa clef est toujours ⎧ **sur** ☎ ⎫ sa porte.
                                       ⎩ **à**   ⎭

33. Je déteste les promenades à bicyclette, et encore plus les randonnées **à skis.**

34. D'ici **à** lundi, impossible : je n'aurai jamais terminé.

35. J'ai exigé **de lui** ⎧ qu'il vienne (⚜ **qu'il vînt**).
                        ⎩ sa venue.

36. J'ai acheté un **pot à eau** (correct = un pot pour mettre l'eau).

37. ☎ Passez-moi le **pot d'eau** (correct = le pot contenant de l'eau).

38. L'hermaphrodite participe de l'homme et de la femme. (correct : **participer de** = « tenir de »).

39. Souvenez-vous de l'incendie du Bazar de la Charité : tout le monde est sorti, les femmes **exceptées.** (**Excepté** est invariable placé devant le nom auquel il se rapporte).

40. Ce qui revient à dire que l'humanité est souvent victime, **sauf** les hommes. (**Sauf**, préposition, signifiant « excepté », est toujours invariable).

PRONOMINAUX (verbes) (page 62)

1. Elles se sont rapp**elé** l'époque .... *(Complément placé après).*

2. Ils se sont enf**uis** dès les .... (**S'enfuir :** *pronominal toujours accordé).*

3. 4. Ils se sont tai**llé** un réel succès avec cette pièce pour laquelle ils se sont do**nné** tant de mal. *(Comme 1.)*

5. Les rois, dans ce pays, se sont succé**dé** .... (On **succède** à *quelqu'un).*

6. Au lieu de chercher à s'entraider, ils se sont **nui** mutuellement. (On **nuit** à *quelqu'un).*

7. Bien que je l'aie défendu, ils se sont arro**gé** le droit .... (**S'arroger** *quelque chose :* pronominal jamais accordé).

8. ☎ Toutes les soupes qu'il s'est ava**lées** .... *(Complément placé avant).*

9. Angèle s'est **fait** faire un tailleur .... (**Faire** *suivi d'un infinitif : invariable).*

10. 11. Elle s'est bien peu souc**iée** de moi, comme si elle s'était souve**nue** que .... (**Se soucier, se souvenir :** *pronominaux toujours accordés).*

12. Leur complicité était telle qu'on aurait parié qu'ils s'étaient do**nné** la consigne. *(Comme la forme 4 ci-dessus).*

QUE (page 63)

Jacqueline pense
Jacqueline dit
Jacqueline déclare
Jacqueline imagine
Il est clair pour Jacqueline
Jacqueline prétend
Jacqueline reconnaît
Jacqueline admet

} QUE + indicatif
(*formes avec* **est**).

Jacqueline regrette
Jacqueline ne veut pas
Jacqueline souhaite
Jacqueline craint
Jacqueline demande au ciel
Il convient à Jacqueline
Jacqueline dit qu'il faut
Il ne semble pas à Jacqueline
Jacqueline veut
Jacqueline ne pense pas
Il est regrettable pour Jacqueline
Jacqueline doute
Jacqueline admire
Jacqueline consent
Jacqueline est surprise
Jacqueline s'indigne
Jacqueline aime
Jacqueline n'admet pas

} QUE + subjonctif
(*formes avec* **soit**).

On aura remarqué que la négation venant après **QUE** *est indifférente : seul compte le verbe qui précède. Noter la différence entre* **X convient que** + **INDICATIF** *(où* **convient** *signifie « reconnaît ») et* **Il convient à X que** + *SUBJONCTIF (car* **convient** *signifie « plaît »).*

QUELQUE, QUEL QUE (page 64)

1. Elle a **quelque** quatre-vingts ans. (***Quelque,*** « environ », est, dans ce sens, invariable).

2. Il y a **quelques** mois que je ne l'ai vue. *(Adjectif de quantité).*

3. **Quelque** puissants qu'ils soient .... *(Au sens de « aussi », quelque est un adverbe invariable).*

4. Les enfants, **quels qu'ils** soient, d'où qu'ils viennent .... *(Précédant un pronom personnel sujet ou un verbe — presque toujours **être** — au subjonctif = **quel** s'accorde avec le sujet).*

5. **Quelques** efforts que vous fassiez .... *(Même tournure que 3, mais l'accord est obligatoire devant un nom).*

6. Ce sont **quelques** livres que je vous ai apportés. *(Ne pas se laisser abuser par la ressemblance avec 3 ou 5 **quelque** à la même valeur que dans 2.)*

7. **Quelles que** fussent leur rancœurs .... *(Même emploi que dans 4 ou 5).*

8. Ces gens, **quels qu'ils** soient .... *(Comme dans 4.)*

9. Les **quelques** rapides que j'ai descendus... *(Comme dans 2, l'adjectif est seulement précédé de l'article).*

10. Il ne faut pas que vous les grondiez, **quelque** insolents et désobéissants qu'ils aient pu être. *(Comme dans 3, même si **quelque** est en facteur commun à deux adjectifs).*

11. Les **quelques fois** où je l'ai rencontrée .... *(La plupart du temps, **quelquefois** s'écrit en un seul mot ; dans cette phrase, où **quelques** a le sens quantitatif, « les trois ou quatre fois », il est adjectif et se détache du nom).*

RELATIFS (page 65)

1. Le mur **sur lequel** je grimpe est haut.
2. 1 Je me souviens de certains de mes camarades **qui** n'habitent plus ....

   2 Certains de mes camarades, **dont** je me souviens, n'habitent plus ....
3. Je connais une chanson **dont** le refrain m'obsède.
4. 1 Je passe mes vacances **dans** une campagne **qui** est souriante.

   2 La campagne **où** je passe mes vacances est souriante.
5. 1 Je parle **à** un homme **qui** est incapable de me comprendre.

   2 L'homme **auquel** je parle est incapable de me comprendre.
6. Je me rappelle mes vacances **qui** se passèrent en Crète.
7. Procure-moi le livre **dont** j'ai besoin.
8. 1 Les éléments responsables de l'intelligentsia **auxquels** je m'adresse ....

   2 C'est **aux** éléments responsables de l'intelligentsia **que** je ....
9. Je m'occupe de vieillards **dont** personne ne veut.
10. 1 Vous butez sur quelque chose **qui** nous intéresse.

   2 **Ce sur quoi** vous butez nous intéresse.
11. Donnez-moi ces pâtés **dont** je suis friand.
12. Dis-moi **(ce) à quoi** tu penses.

13. La mer { **où** / **dans laquelle** } je me baigne est déchaînée.

14. Elle regarde la fête **où** il n'y a plus personne.
15. 1 Les idées **auxquelles** nous tenions et **pour lesquelles** nous nous sommes battus étaient enfantines.

   2 Nous nous sommes battus pour des idées **auxquelles** nous tenions et **qui** étaient enfantines.
16. 1 Vous vous exposez **à** quelque chose **qui** est dangereux.

   2 **Ce à quoi** vous vous exposez est dangereux.
17. C'est du frère de Pierre (**qui** est) architecte **que** je te parle.

18. 1 Je m'adresse à vous **qui** êtes compétent.

   2 C'est **à** vous, **qui** êtes compétent, **que** je m'adresse.

   3 C'est vous, **à qui** je m'adresse, **qui** êtes compétent*.

* *La virgule est obligatoire devant le relatif, ici. En effet, la relative* **à qui je m'adresse** *forme en quelque sorte une remarque incidente, qui ne modifie nullement le rapport entre* **vous** *et son complément naturel,* **qui êtes compétent.**

19. Vous allez à Plougastel ? • C'est **d'où** je viens.

                                 • C'est **de là** que je viens.

                                 • C'est **là que** je vais.

STYLE INDIRECT (page 68)

Il me consola paternellement.

Il me fit l'éloge de ma mère, si travailleuse. Ah ! la vie était dure, les affaires difficiles, la concurrence effrénée. Mais on s'en tirait toujours avec de la volonté. Lui-même, d'où venait-il ? Il était né dans une cour de ferme... mais il avait été opiniâtre. Il me fit entrevoir pour moi le même avenir. Quant à cette « augmentation », il était désolé, elle était impossible. Tout se savait. Que diraient mes camarades plus anciens que moi dans l'usine ? Il me fallait être un peu patient. Son devoir à lui était d'être juste. Il eût souhaité, bien sûr, « augmenter » tout le monde. Mais les prix de revient ne le permettaient pas. Il fallait pouvoir vendre. Je ne me rendais pas compte. Telle était sa confiance en moi qu'à la prochaine saison il me prendrait près de lui pour établir les prix de revient justement. Un sou oublié pouvait être la ruine. Et lui, il avait charge d'âmes : tous ces hommes, toutes ces femmes qui vivaient de son entreprise... Plus tard peut-être, quand les affaires seraient moins dures...

SUBJONCTIF (page 69)

1. Que nous **sachions** qu'il **ment (e)** ne nous empêche pas de l'aimer.
2. Il faut que nous **cueillions** les poires…
3. Écoutez-moi avant qu'il ne me **faille** sévir. (*Avant que* + subj.)
4. Je te donne rendez-vous après que la guerre **sera** finie. (*Après que* + ind.)
5. Qu'il **fût** temps, cela ne fait aucun doute.
6. Supposons qu'il **fasse** beau.
7. Bien que **j'aie** souvent du retard, le directeur m'a à la bonne. (*Bien que* + subj.)
8. Il est inadmissible qu'il **vaille** cher…
9. Il est impératif que nous **soyons** riches à la fin de l'année. (*Soyons* ne prend jamais de i.)
10. Que tu le **veuilles** ou non, je m'en désintéresse.

On aura remarqué que le subjonctif s'impose presque partout dans ces exemples : lorsque la phrase introduite par **que** *vient en tête, ou quand elle est amenée par un adjectif ou une idée verbale d'obligation, de supposition, etc. Notez (ex. 3 et 4) que les conjonctions* **avant que** *et* **après que** *demandent la première le subjonctif, la deuxième l'indicatif.*

Avec avoir ou être :

11. Il se pourrait qu'il **ait** soif après tout ce qu'il a mangé comme sel.
12. Qu'il **eût** peur, cela ne faisait aucun doute, étant donné les cris qu'il poussait et que nous entendîmes avec effroi.
13. Qu'il **ait** peur, cela ne fait aucun doute.
14. Je crains qu'il ne **soit** déjà arrivé.
15. Je craignais qu'il ne **fût** déjà arrivé.
16. Pourvu que tu **aies** pris ton sac ! Tous mes papiers y sont.

17. Il se pourrait que $\begin{cases} \textbf{j'eusse} \\ \textbf{j'aie} \end{cases}$ de la chance

aujourd'hui ; c'est en tout cas ce que prédit mon horoscope.

18. **Fussiez**-vous le roi ou le pape, je ne m'inclinerais pas pour autant devant vous.

19. Tu aurais dû la prévenir, afin qu'elle ne **fût** pas trop déçue.

20. Que vous **soyez** bon ou mauvais, la terre continue de tourner !

Nous pouvons aisément remarquer à quel point les enfants d'aujourd'hui s'expriment avec aisance, pour peu que nous **essayions** de les comparer aux jeunes d'autrefois. La contrepartie, assurément, est que l'écriture ne représente plus maintenant le mode privilégié d'expression qu'il a pu être par le passé. Si nous craignons qu'elle n'**ait** plus, comme auparavant, ses lettres de noblesse, nous devrions nous pencher un peu plus sur les causes de cette désaffection, afin qu'elle ne **dure** plus trop. Mais est-ce encore temps ? Nous aurions certainement dû tenter depuis bien longtemps une revalorisation de la lecture et de l'écriture afin qu'il ne **fût** point trop tard. A supposer qu'il **soit** encore temps, il nous faudrait remanier de fond en comble tous les modes qui véhiculent l'information. Mais ce système (images, publicité, audiovisuel) est tel, et profite à tant d'industries, qu'il apparaît comme un travail de Titan de tenter une quelconque machine arrière. Quoi que l'on **fasse** aujourd'hui, l'image semble tellement valorisée, comparée à l'écriture, qu'elle s'impose sans cesse à nous, malgré nous. Et, quoique les nostalgiques du livre **aient** des arguments qu'il est difficile de contrer, leur petit nombre les rend peu dangereux pour les défenseurs des techniques modernes. Il faudrait peut-être que nous nous **méfiions** un peu plus de toutes ces sophistications qui, au nom d'une information à consommer, nous éloignent souvent du plaisir du texte.

SUFFIXES (page 71)

1. Battage au fléau ☒
   de l'or ☒
   des artères ☐
   publicitaire ☒
   d'un tapis ☒

2. Battement des cils ☒
   d'une porte ☒
   du blé ☐
   du cœur ☒
   de dix minutes ☒

3. Abattage fiscal ☐
   d'un arbre ☒
   moral ☐
   physique ☐
   d'orateur ☒

4. Abattement d'un bœuf ☐
   d'impôt ☒
   physique ☒
   moral ☒
   d'un leader ☐

5. Serrage de frein ☒
   de cœur ☐

6. Serrement de gorge ☒
   d'écrou ☐

7. Transfert de prisonnier ☐
   de fonds ☒
   de sentiment ☒

8. Transfèrement de propriété ☐
   de population ☐
   de forçats ☒

9. Nettoyage d'un port ☐
   d'une façade ☒
   d'un vêtement ☒
   du sol ☐

10. Nettoiement d'une place forte ☐
                d'un fleuve ☒
                d'une ville ☒

11. polir : polissage
12. laver : lavage, lavement
13. finir : finition
14. neutraliser : neutralisation
15. maintenir : maintien, maintenance
16. licencier : licenciement
17. intensifier : intensification
18. élever : élevage, élévation
19. cliver : clivage
20. ensabler : ensablement
21. paver : pavage, pavement
22. meurtrir : meurtrissure
23. enjamber : enjambement
24. aborder : abordage
25. déborder : débordement
26. couper : coupure, coupage
27. recouper : recoupage, recoupement
28. découper : découpage, découpure
29. démontrer : démonstration
30. haler : halage *(mais **hâler, hâle** !)*
31. haleter : halètement
32. allaiter : allaitement
33. priver : privation
34. parer (au sens de « orner ») : parage, parement, parure

SUPERLATIF
ET COMPARATIF (page 73)

1. *Le plus immortel* .... n'a pas de sens.

   Il se croyait immortel .... sera largement suffisant !

2. *Mineur*, comparatif par son origine, ne peut par conséquent prendre la marque du comparatif :

   ... Ses danses sont dans un ton mineur par rapport à ses autres morceaux ....

3. S'ils sont réduits au *maximum,* c'est donc qu'ils sont nombreux !

   Dire donc : .... **les risques de dérapage sont réduits au minimum.**

4. *Suprême* est déjà un superlatif.

   Par conséquent : .... **c'est là un suprême ris de veau** ....

5. Même remarque pour *ultime*.

   : .... **dans les cas ultimes** ....

6. *Extérieur* est une sorte de comparatif.

   : .... **le flanc extérieur de la colline** ....

7. *Maximum* est un superlatif.

   « Un grand maximum » serait donc un pléonasme.

   Tout simplement : **il donne une dizaine de représentations par an, au maximum.**

TEMPS (page 74)

1. Tant que. Aussi longtemps que.
2. Toutes les fois que. Chaque fois que.
3. A mesure que.
4. A peine.
5. Sitôt que. Aussitôt que. Dès que.
6. ۞ Après que. *(+ indicatif) ; la langue courante dira :* **après l'avoir méprisée.**
7. Pendant que. Tant que.
8. Lorsque. Quand.
9. Depuis que.
10. Jusqu'à ce que. En attendant que.

TOUT (page 74)

1. En tout cas	☒	11. A toute heure	☒
En tous cas	☐	A toutes heures	☐
2. De tout temps	☒	12. En toute lettre	☐
De tous temps	☐	En toutes lettres	☒
3. En tout temps	☒	13. En tout genre	☒
En tous temps	☒	En tous genres	☐
4. Dans tout les cas	☐	14 En tout sens	☐
Dans tous les cas	☒	En tous sens	☒
5. A tout moment	☒	15. De toute façon	☒
A tous moments	☒	De toutes façons	☐
6. Envers et contre tout	☐	16. De tout côté	☒
Envers et contre tous	☒	De tous côtés	☐
7. A tout hasard	☒	17. Toute proportion gardée	☐
A tous hasards	☐	Toutes proportions gardées	☒
8. De toute part	☒	18. De toute sorte	☒
De toutes parts	☒	De toutes sortes	☒
9. De toute les façons	☐	19. A tout propos	☒
De toutes les façons	☒	A tous propos	☐
10. En tout lieu	☒	20. Tout deux	☐
En tous lieux	☐	Tous deux	☒

21.22. Je suis **tout** yeux **tout** oreilles.

23. Elles étaient **tout** émues (= *« complètement » ; mais*
***Toutes étaient émues** = « chacune d'elles »*).

24. **Tous** les hommes sont mortels *(adjectif)*.

25. **Tout** arrangeante qu'elle veuille bien être,… *(adverbe)*.

26.27. **Toutes** sonates, **tous** trios de Mozart m'enchantent.

28.29. Les garçons **tout** petits *(adverbe)* sont moins éveillés
que les **toutes** petites filles *(adverbe devant un féminin
commençant par une consonne)*.

30.31. Je suis **tout** feu **tout** flamme.

32.33. Avant **tout,** appelle-moi ; **tous** les jours, s'il le faut.

34. Quand elle joue, elle est **toute** à son piano *(adjectif)*.

35. Ce n'est pas **tout** de se révolter, encore faut-il être à la
hauteur de ses exigences.

36. Je suis **tout** attendrie par cet être délicieux qu'est ma
grand-mère *(adverbe devant un féminin commençant par
une voyelle)*.

37. En **tout** bien **tout** honneur.

38. C'est une **tout** autre personne que j'avais connue *(dans*
***tout autre** précédé de l'article, **tout** est invariable)*.

39. **Toute** autre personne que moi vous dira la même chose
*(adjectif à valeur de **n'importe quel**).*

40. Les chèvrefeuilles sont **tout** en fleur.

41. Je t'aime passionnément et suis **toute** à toi. Signé :
Clémentine.

42. Recevez mon amical soutien. **Tout** à vous. Raphaële.

43. **Toute** agression abaisse aussi celui qui la commet.

44. Nous sommes **tous** dans notre tort *(ou **toutes,** naturellement !)*.

45. **Tous** ces gens-là m'agacent *(malgré **gens,** généralement féminin au pluriel — **de bonnes gens !** — laisser le
masculin)*.

TRAIT D'UNION (page 76)

1. par-ci, par-là
2. chef-d'œuvre *(s —)*
3. tout à fait
4. château fort *(x . s)*
5. donnez-nous-en
6. cache-pot *(inv.)*
7. garde-barrière *(s . s)*
8. arc-en-ciel *(s —)*
9. laissez-passer *(inv.)*
10. gagne-petit *(inv.)*
11. tout à coup
12. peut-être
13. passe-partout *(inv.)*
14. grand-père *(s . s)*
15. faites-le
16. timbre-poste *(s —)*
17. abat-jour *(inv.)*
18. pomme de terre *(s —)*
19. porte-plume *(inv.)*
20. une heure et demie *(s —)*
21. est-ce que ?
22. pied-à-terre *(inv.)*
23. hôtel de ville *(s —)*
24. hôtel-Dieu *(s —)*
25. directeur adjoint *(s . s)*
26. métro Notre-Dame-des-Champs
27. celui-ci
28. porte-documents *(inv.)*
29. c'est-à-dire
30. non-paiement *(— s)*
31. cache-nez *(inv.)*
32. les trois quarts de vingt-deux
33. cette femme-ci
34. de ci, de là
35. trait d'union *(s —)*
36. vingt et un
37. Moyen Age
38. vingt-sept
39. porte-parole *(inv.)*
40. nouveau-né *(— s)*
41. garde-meuble *(— s)*
42. fin de non-recevoir
43. demi-heure *(— s)*
44. la sainte Bible
45. moi-même
46. garde-barrière *(s . s)*
47. garde-manger *(inv.)*
48. cache-cache *(inv.)*
49. porte-monnaie *(inv.)*
50. garde-chasse *(s —)*
51. un ci-devant *(inv.)*
52. plate-bande *(s . s)*
53. rue de la Montagne-Sainte-Geneviève
54. président-directeur général *(s . s . aux)*
55. au-dessus
56. au-dessus de
57. là-dessous
58. par-dessous
59. en dessous
60. là-haut

■ RÉCRÉATION (page 77)

Jeu des 46 erreurs

1. Furieux **contre** (et non « après »).
2. **Aéroport** (comme **aérien**, et non comme « aréopage »).
3. Je vous ai demandée (le destinataire est une femme).
4. Comme si **de** rien n'était (préposition obligatoire : « comme s'il ne s'agissait **de** rien »).
5. Il **ne** s'en est guère fallu (**guère** est un adverbe négatif, comme **pas** ou **point**).
6. En **tout** cas (le singulier dans ce sens distributif de « n'importe quel »).
7. Cela ne **résolvait** pas mes problèmes (et non « solutionnait »).
8. Comment est-ce que je **résoudrais** mes ennuis ? (forme normale de conditionnel, fabriquée sur l'infinitif).
9. Je me suis **posé** la question (le complément suit).
10. Les **éventaires** des bouquinistes (gare à la confusion avec un mot trop proche !).
11. Soldes exception**nels** (*masculin dans ce sens*).
12. **Conjoncture** (= « situation » ; **conjecture** = supposition).
13. On n'est pas sans **savoir** (= « on sait »).
14. Dépense somptuaire (= pléonasme).
    Dire : **dépense exagérée.**
15. Cela m'a **stupéfiée** ; ou : **Je suis stupéfaite** = adjectif (il n'y a pas de verbe « stupéfaire »).
16. Ar**rh**es (féminin pluriel ; attention à l'orthographe de ce mot).
17.18. Ex**or**bitan**tes** (*confusion possible avec exhorter*).
19. Je me fais **fort** de (**fort**, adverbe, est ici invariable).
20. Compréhensi**ve** (= « qui comprend bien les choses » ; **compréhensible** = « facile à comprendre »).
21. Gra**dué** de l'université.
22. Nous **sommes** conven**us** (ou, moins affecté : « nous sommes tombés d'accord pour »).
23. Compr**imer** nos dépenses.
24. Une affaire **importante** (**conséquent** ne signifie pas « gros de conséquence », mais « qui a de la suite dans les idées, cohérent »).

25. De **façon qu'**on puisse *(ou : **de façon à pouvoir**)*.

26. Bien que j'**aie** *(**bien que** exige le subjonctif)*.

27. Je ne **reba**ts *(**rebattre** = « fatiguer par martèlement » ; **rabattre,** « rabaisser », n'a pas sa place dans ce contexte)*.

28. J'ai **recouvré** la vue *(recouvrer, autre mot pour récupérer)*.

29. Les **trublions** *(malgré la proximité de trouble !)*.

30. **Agonir** d'insultes.

31. Vous l'avez **échappé** belle.

32. **Giflée.**

33. **Joliment.**

34. **Éruption** de boutons *(faire irruption : « entrer brusquement »)*.

35. Noir comme du **jais** *(confusion fréquente !)*.

36. Je m'offrirai **à** *(offrir de ; s'offrir à)*.

37. D'ici **à** lundi.

38. Ce n'est pas sa faute *(supprimer ici la préposition)*.

39. Dans la **sujétion** *(le fait d'être **assujetti,** ou esclave ; la faute a sa logique, mais n'en demeure pas moins une faute)*.

40. Je vais **cesser** de médire *(**arrêter** n'a le sens de « cesser de faire quelque chose » que lorsqu'il est employé à l'impératif : **arrête !**)*.

41. **Outre cela** *(outre est une préposition)*.

42. Il faut que je **parte.**

43. **Étant donné** le travail.

44. De **manière que** *(ou : de [telle] sorte que)*.

45. Départ **pour** l'Italie *(même règle que pour **partir**)*.

46. L'appartement **de** mon fils *(seule façon correcte d'exprimer la possession)*.

Presses Pocket

8 rue Garancière
75006 Paris
tél. 329 12 80

IMPRIMÉ EN FRANCE PAR BRODARD ET TAUPIN
7, bd Romain-Rolland - Montrouge.
Usine de La Flèche, le 20-04-1983.
6690-5 - N° d'Éditeur 1977, avril 1983.

LES GUIDES PRATIQUES
DU FRANÇAIS D'AUJOURD'HUI

DICTIONNAIRE ORTHOGRAPHIQUE

En offrant au lecteur un ouvrage de format pratique
comportant 30000 mots avec leur genre et
leur catégorie grammaticale, ce *Dictionnaire
orthographique* rendra d'utiles services à tous ceux
qui affrontent le monde parfois mystérieux des mots.

Guide du bien-écrire, ce livre maniable distingue
aussi d'un mot les termes trop proches et qu'on
pourrait confondre, groupe les dérivés
par famille, rassemble dans des annexes des remarques
grammaticales fort utiles.

Un manuel de la langue qui répondra à de bien
légitimes hésitations.

LES GUIDES PRATIQUES

DU FRANÇAIS D'AUJOURD'HUI

ROBERT SCTRICK

ÉCRIRE, PARLER : 100 DIFFICULTÉS DU FRANÇAIS

Communiquer, maître mot de notre époque...

La langue est un outil de communication, et
ce livre, à l'écart des dogmatismes, la présente comme
un relevé des usages actuels. Trop d'ouvrages
énoncent des règles. Mais qui les fait : les écrivains,
les logiciens, les linguistes ? Non : on demande à
la langue d'être efficace et d'assurer, non sans
ambiguïté parfois, l'échange entre
membres d'une même communauté.

Comment ? Pourquoi, quand le peut-on ? Voilà
les questions auxquelles il est répondu ici. Consulter
une grammaire, ce n'est pas, ce n'est plus interroger
les édits des savants, c'est explorer les rouages d'un
appareil, tel qu'il fonctionne dans la vie
du travail, des loisirs, des rêves peut-être même.

Un livre pour les curieux soucieux de « correction »,
dédaigneux de l'affection, peu scolaire, actuel.

UNE SÉLECTION DES CLASSIQUES DANS PRESSES POCKET

BALZAC (Honoré de)

César Birotteau,
présenté par Maurice Bardèche
Le père Goriot,
présenté par Maurice Bardèche

BARJAVEL (René)

La nuit des temps
Le grand secret
Les chemins de Katmandou
Une rose au paradis

BAUDELAIRE (Charles)

Les fleurs du mal
*présenté par Claude Lémie et
Robert Sctrick*

BOULLE (Pierre)

Le pont de la rivière Kwaï
La planète des singes

CARREL (Alexis)

L'homme cet inconnu
Réflexions sur la conduite de la vie

UNE SÉLECTION DES CLASSIQUES DANS PRESSES POCKET

DAUDET (Alphonse)

*Editions établies et présentées
par J.-H. Bornecque*

Lettres de mon moulin
Contes du lundi
Tartarin de Tarascon
Tartarin sur les Alpes
Port-Tarascon

DAVID-NEEL (Alexandra)

Mystiques et magiciens du Tibet

FLAUBERT (Gustave)

Madame Bovary,
préface d'André Maurois

GHEORGHIU (Virgil)

La vingt-cinquième heure

HÉLIAS (Pierre-Jakez)

Les autres et les miens

HUXLEY (Aldous)

Le meilleur des mondes
Retour au meilleur des mondes
Contrepoint

JEROME (J.K.)

Trois hommes dans un bateau

UNE SÉLECTION DES CLASSIQUES DANS PRESSES POCKET

JOYCE (James)

Gens de Dublin

KAZANTZAKI (Nikos)

Alexis Zorba

KESSEL (Joseph)

Fortune carrée

LAYE (Camara)

L'enfant noir

LE ROY (Eugène)

Jacquou le croquant, *présenté par Emmanuel Le Roy Ladurie*
L'ennemi de la mort

MAUPASSANT (Guy de)

Une vie, *préface d'Armand Lanoux*
Bel-Ami, *préface d'Armand Lanoux*
Boule de suif, *préface d'Armand Lanoux*

MAURIAC (François)

Le sagouin

UNE SÉLECTION
DES CLASSIQUES DANS
PRESSES POCKET

MELVILLE (Herman)

Moby Dick, *préface*
d'Armel Guerne

MICHELET (Claude)

J'ai choisi la terre
Des grives aux loups
Les palombes ne passeront plus

MIRBEAU (Octave)

Le journal d'une femme
de chambre

PAGNOL (Marcel)

> **SOUVENIRS D'ENFANCE**
> La gloire de mon père
> Le château de ma mère
> Le temps des secrets
> Le temps des amours

Marius
Fanny
César
Jean de Florette
Manon des sources
Topaze
Le secret du masque de fer
Naïs
La femme du boulanger
Angèle
La fille du puisatier
Le schpountz
Jazz
Les marchands de gloire

UNE SÉLECTION
DES CLASSIQUES DANS
PRESSES POCKET

PAGNOL (Marcel)

Merlusse
Fabien
Cigalon
Jofroi
Regain
Pirouettes
Le premier amour
La prière aux étoiles
Judas
La belle meunière

PRÉVOST (abbé)

Manon Lescaut,
préface de Jean Anouilh

RADIGUET (Raymond)

Le diable au corps

RENARD (Jules)

Poil de carotte,
préface de Jacques Perret

RIMBAUD (Arthur)

Poésies — Une saison en enfer —
Illuminations — Œuvres diverses
*présenté par Claude Lémie
et Robert Sctrick*

UNE SÉLECTION
DES CLASSIQUES DANS
PRESSES POCKET

SIMENON (Georges)

Le chien jaune
L'affaire Saint-Fiacre
La maison du canal
Maigret
Le relais d'Alsace

SOLJÉNITSYNE (Alexandre)

Le pavillon des cancéreux
La maison de Matriona

STENDHAL

Le rouge et le noir,
préface d'André Maurois

STEVENSON (Robert L.)

L'île au trésor,
préface de Pierre Mac Orlan

VERLAINE (Paul)

Poèmes saturniens —
Fêtes galantes,
présentation de J.-H. Bornecque

Jadis et Naguère — Romances
sans paroles — Parallèlement,
présentation de J.-H. Bornecque

WILDE (Oscar)

Le portrait de Dorian Gray,
préface de Robert Merle

UNE SÉLECTION DES CLASSIQUES DANS PRESSES POCKET

XXX

Tristan et Iseut,
édition Pierre Champion,
préface de Michel Tournier

ZOLA (Émile)

La bête humaine,
préface « Emile Zola »
de Guy de Maupassant

Germinal,
préface d'Henri Guillemin

L'Assommoir,
préface de L.-F. Céline :
« Hommage à Zola »

Nana, *préface de Gaston Bonheur*

Thérèse Raquin,
préface d'Henri Guillemin

La fortune des Rougon,
présenté par Jeanne Malige et
Bertrand de Jouvenel

LES LANGUES

POUR TOUS

Collection dirigée par Jean-Pierre Berman, Michel Marcheteau, Michel Savio.

Un ensemble complet et rigoureusement programmé d'ouvrages d'initiation et de perfectionnement. Conçu pour l'utilisateur isolé, il constitue également un précieux complément de l'enseignement traditionnel ou de la formation permanente.

---

1 MÉTHODES D'INITIATION ET DE RECYCLAGE

- Une étude systématique des structures de la langue
- De nombreux exemples
- Une explication claire de la prononciation
- Tout le vocabulaire de base

1650	L'ANGLAIS POUR TOUS EN 40 LEÇONS
1651	L'ESPAGNOL POUR TOUS EN 40 LEÇONS
1652	L'ALLEMAND POUR TOUS EN 40 LEÇONS
1664	L'ITALIEN POUR TOUS EN 40 LEÇONS
1666	LE NEERLANDAIS POUR TOUS EN 40 LEÇONS

Chaque volume 288 pages
Format 11 × 18

 Enregistrement : chaque méthode,
3 cassettes - 180 F T.C.

1663	PRATIQUER L'AMÉRICAIN
1667	PRATIQUER L'ESPAGNOL

LES LANGUES

POUR TOUS

---

2 SCORE

100 tests pour contrôler, corriger et enrichir votre connaissance des langues.

1655   SCORE ANGLAIS
1659   SCORE ALLEMAND
1662   SCORE ESPAGNOL

Chaque volume : 244 pages

LES LANGUES

POUR TOUS

---

3 VIE ÉCONOMIQUE ET COMMERCIALE

Pour acquérir une réelle maîtrise de la langue des affaires.
20 dossiers sur la vie de l'entreprise. Nombreux textes de
contrôle.

- 1653 L'ANGLAIS ÉCONOMIQUE ET COMMER-
  CIAL - 25 F
- 1654 L'ALLEMAND ÉCONOMIQUE ET COMMER-
  CIAL - 25 F
- 1658 L'ESPAGNOL ÉCONOMIQUE ET COMMER-
  CIAL

 **Enregistrement : chaque méthode,
3 cassettes - 250 F T.C.**

- 1657 LA CORRESPONDANCE COMMERCIALE EN
  ANGLAIS - 20 F
- 1656 DICTIONNAIRE DE L'ANGLAIS ÉCONOMIQUE
  ET COMMERCIAL - 416 pages - 25 F

  - **Plus de 12000 mots et expressions**
  - **Indication systématique des** américa-
    nismes
  - **Indication de la prononciation de chaque
    mot**
  - **Lexique bilingue franco-anglais**

- 1660 DICTIONNAIRE DE L'ALLEMAND ÉCONO-
  MIQUE ET COMMERCIAL - 416 pages - 30 F

  - **Plus de 12000 mots et expressions**
  - **Indication systématique du** genre **des
    mots dans** les deux langues

LES LANGUES

POUR TOUS

1661   **DICTIONNAIRE DE L'ANGLAIS D'AUJOUR-
D'HUI** (Anglais-français — Français-anglais)
sous la direction de D. Girard
Inspecteur général de l'Éducation nationale

- **Plus de 15000 mots anglais**
- **Plus de 12000 exemples et expressions**
- **Faux amis et vrais amis distingués**

- **Américanismes clairement mis en évidence**

- **Plus de 15000 mots français
  640 pages - 35 F**

TERRE HUMAINE

Collection dirigée par Jean Malaurie

Terre Humaine s'est imposée en vingt-sept ans et à travers quarante titres comme l'une des collections les plus prestigieuses, les plus originales de l'édition française; il n'est pas excessif d'affirmer qu'elle est à l'origine d'un courant littéraire nouveau dont la vigueur et la fécondité n'ont sans doute pas fini de nous surprendre. Recueillant des témoignages humains exceptionnels, confrontant les expériences les plus singulières, rassemblant les esprits les plus divers, la collection **Terre Humaine**, par son souci de rigueur et d'authenticité, a fait évoluer en profondeur la sensibilité de nos contemporains et la vision du monde qui les entoure. Peu d'entreprises auront autant remis en cause les certitudes des moralistes, les affirmations des historiens, voire même les convictions des savants et des politiques. Et c'est en cela que nul ne peut plus aujourd'hui contester la portée résolument novatrice de **Terre Humaine.**